suhrkamp taschenbuch 3167

W0178869

Anläßlich seines 50. Todestags erinnert unsere Sammlung der bekanntesten Anekdoten um Bernard Shaw an den »grandiosen Feuerkopf«, wie ihn ein Zeitgenosse treffend charakterisiert hat, an die außergewöhnliche Persönlichkeit des irischen Dramatikers, der zeit seines Lebens im Mittelpunkt der öffentlichen Aufmerksamkeit stand. Als »geborener Clown« (Shaw über Shaw) und scharfzüngiger Redner, Kritiker und Essayist entzückte er nicht nur im Theater sein Publikum durch »unnachahmliche Heiterkeit« (Bertolt Brecht): Die Literaturgeschichte kennt keinen zweiten, über den so viele Anekdoten kursieren wie über den großen, bei allem Ruhm einsamen Weisen, der in die Narrenrolle schlüpfte und uns damit »alle beglückt und erzogen hat« (Albert Einstein).

Bernard Shaw, geboren am 26. Juli 1856 in Dublin, ist am 2. November 1950 in Ayot St. Lawrence/Hertfordshire gestorben. Seine Dramen zählen zu den weltweit erfolgreichsten aller Zeiten; 1925 wurde Shaw mit dem Nobelpreis ausgezeichnet.

Narr oder Weiser

Anekdoten um Bernard Shaw

Nacherzählt von
Ursula Michels-Wenz

Suhrkamp

suhrkamp taschenbuch 3167
Erste Auflage 2000
© dieser Zusammenstellung
Suhrkamp Verlag Frankfurt am Main 2000
Suhrkamp Taschenbuch Verlag
Alle Rechte vorbehalten, insbesondere das
des öffentlichen Vortrags, der Übertragung
durch Rundfunk und Fernsehen
sowie der Übersetzung, auch einzelner Teile.
Kein Teil des Werkes darf in irgendeiner Form
(durch Fotografie, Mikrofilm oder andere Verfahren)
ohne schriftliche Genehmigung des Verlages reproduziert
oder unter Verwendung elektronischer Systeme
verarbeitet, vervielfältigt oder verbreitet werden.
Druck: Nomos Verlagsgesellschaft, Baden-Baden
Printed in Germany
Umschlag nach Entwürfen von
Willy Fleckhaus und Rolf Staudt

1 2 3 4 5 6 – 05 04 03 02 01 00

Inhalt

Mensch und Übermensch
(Shakespeare und Shaw)

Narr oder Weiser

Zur Einleitung

Die Überschrift zu den nachfolgenden Anekdoten um Bernard Shaw: *Narr oder Weiser* hat kein Fragezeichen, auch wenn sie als Frage verstanden werden könnte. Denn die Person, der wir uns durch unterschiedlich überlieferte merk-würdige Begebenheiten anzunähern suchen, war beides zugleich – Narr hier und Weiser dort – und darüber hinaus, nach eigener Angabe, mindestens weitere »fünfzehn Personen«, vereint in der Gestalt, die unter dem Markenzeichen G. B. S., der Abkürzung für George Bernard Shaw, weltberühmt wurde.

Die Vielschichtigkeit, die Shaw für sich in Anspruch nahm, wenn man ihn vorschnell festlegen wollte, setzt sich auch in der Art fort, in der er seinen Namen auf ausdrücklichen Wunsch gebraucht haben wollte: G. B. S. ist eine Formel, eine Maske, die er für die Öffentlichkeit trug, ja eigentlich »ein Schwindel«, wie er erklärte, um ein für allemal nicht verwechselt zu werden mit der Rolle, die er, freilich nicht ungern, spielte: »G. B. S. ist kein wirklicher Mensch. Er ist eine von mir erfundene Legende, eine Pose, ein Name. Der wirkliche Shaw ähnelt ihm nicht im geringsten.« Warum hatte er es nötig, den »wirklichen Shaw« so zu verstecken?

Das Kind, das am 26. Juli 1856 in Dublin geboren wurde – unter der Adresse 3 Upper Synge Street, einem kleinen Backsteinhaus, das heute Shaw-Gedenkstätte ist – tauften die Eltern George Carr Shaw und Lucinda Elizabeth, geb. Gurly, auf den Namen George Bernard Shaw, nannten es aber zunächst »Bob« und später nur noch »Sonny«. Der Schriftsteller, zu dem »Sonny« sich selbst aus ärmlichen Verhältnissen und demütigenden Erlebnissen autodidaktisch emporarbeiten sollte, legte Wert darauf, daß man ihn Bernard Shaw nannte. Und wer etwa zwischen dem Paßeintrag George Bernard Shaw, dem Unterhaltungsetikett G. B. S. und dem *Autoren*namen Bernard Shaw nicht so genau unterscheiden wollte, bekam entsprechende Belehrung, wie etwa ein Verleger, der sich sagen lassen mußte: »Habe ich Ihnen übrigens nicht mitgeteilt, daß mein Autorenname Bernard Shaw ist und daß ›George‹ die schlimmste Beleidigung ist, die ein Verleger oder Manager mir zufügen kann?« – oder die britische Rundfunkanstalt BBC, die Dutzende von Briefen Shaws besitzt, in denen er androhte, ihr sämtliche Senderechte auf seine Texte zu entziehen, wenn sie je wieder etwas von *George* Bernard Shaw ankündigen würde.

Die Vermutung, Shaw habe seine Lebensleistung als Autor nicht mit einem von seinem Vater auf ihn übertragenen Vornamen verknüpfen wollen, weil dieser seinem Sohn vom Schreiben und überhaupt von der Beschäftigung mit den Künsten, abgeraten hatte, trifft zweifellos zu. Aber daraus den Schluß zu ziehen, es habe, etwa wie bei Franz Kafka, einen hochdramatischen Konflikt gegeben, wäre falsch. Ein gut Teil seines kauzigen Humors und seiner oft paradoxen Reaktionsweise, besonders wenn etwas sich emotional zuspitzte, hat Shaw von seinem Vater geerbt und aus dieser, ihn anfangs verunsichernden, Mitgift eine bewährte Überlebensstrategie entwickelt. In einem Kapitel seiner *Sechzehn selbstbiographischen Skizzen* ist folgende Erinnerung überliefert, die Shaw 1901 der Zeitschrift *The Candid Friend* zum Abdruck überließ: »Lassen Sie mich Ihnen eine Geschichte von meinem Vater erzählen. Als ich ein Kind war, tauchte er mich zum erstenmal in der Killiney-Bucht ins Meer. Zur Einleitung hielt er mir eine sehr ernsthafte Predigt, wie wichtig es sei, schwimmen zu ler-

nen, die in den Worten gipfelte: ›Als ich selber ein Junge
von erst vierzehn Jahren war, hat meine Schwimmkunst es
mir ermöglicht, deinem Onkel das Leben zu retten.‹ Dann,
als er mich tief beeindruckt sah, beugte er sich zu mir her-
ab und flüsterte mir vertraulich ins Ohr: ›Und um die
Wahrheit zu gestehen, nichts in meinem Leben habe ich
nachträglich so sehr bereut.‹ Dann stürzte er sich in den
Ozean, erfreute sich an einem erfrischenden Bad und
lachte den ganzen Heimweg lang leise in sich hinein. –
Nun, ich habe niemals bewußt auf komische Effekte hin-
gearbeitet, sie ergeben sich in meiner Arbeit ganz von
selbst. Aber ohne Zweifel besteht irgendein Zusammenhang zwischen dem leisen Lachen meines Vaters und dem
Vergnügen, das meine Lustspielmethoden dem Publikum
bereiten.«

Auch als die Getreidemühle, die George Carr Shaw mit
einem Teilhaber betrieben hatte, vor dem Ruin stand, reagierte der Vater paradox: während sein Geschäftspartner
vor Verzweiflung in Tränen ausbrach, zog Shaw senior
sich in eine stille Ecke des Lagerhauses zurück, um sich
gründlich auszulachen. Als einem gesellschaftlichen »Ab-
steiger« mit wenig Selbstvertrauen stand ihm der Galgen-
humor immer am nächsten und in Verbindung damit der
Alkohol, zur Enttäuschung seiner Ehefrau und Beschä-
mung seines Sohnes, der ein Leben lang Abstinenzler bleiben wird.

Einen Raum der Zuflucht und Befreiung vor solchen
Verunsicherungen schaffte dem Kind die ansonsten wenig
zugängliche Mutter, die ihre Desillusionierung über die
»unmögliche Ehe« mit einem sichtlich willensschwachen
Mann durch aktives Ausüben der Musik, namentlich der
Gesangskunst, zu ertragen suchte. Offenen Streit gab es in
dieser Familie nicht, das Persönliche machte man mit sich

selbst aus und respektierte die je eigenen Schutzzonen und Kompensationsmöglichkeiten, um den Zumutungen des Alltags gewachsen zu sein. Es herrschte keine liebevolle Atmosphäre, aber auch keine repressive. Und wenn spätere Biographen Shaws entbehrungsreiche Jugend mit Schuldzuweisungen zu Lasten der Eltern, besonders der »kalten« Mutter, überinterpretieren wollten, stießen sie bei ihm auf Granit: Eben dadurch, daß Vater und Mutter sich *nicht* um ihn gekümmert hätten, meinte er, habe er das bestmögliche Rüstzeug für sein weiteres Leben erhalten, nämlich Unabhängigkeit und Selbstgenügsamkeit.

Am 17. Juni 1871 verließ die Mutter Irland, um sich in London als Gesangslehrerin niederzulassen. Ihre beiden Töchter Lucy und Agnes, die älteren Schwestern Shaws, nahm sie mit; »Sonny«, als der jüngste der Familie, mußte beim Vater bleiben und fortan seinen Lebensunterhalt durch Büroarbeit mitverdienen. Um Wissensaneignung und Weiterbildung, nach der er geradezu hungerte, hatte er sich in seiner Freizeit selbst zu kümmern, was er mit solcher Leidenschaft tat, daß das Traumreich, in das er ohnehin gern flüchtete, immer grandioser zu werden begann. Später beschreibt er seine »Fremdheit«, die ihn »mehr zu einem Gast als zu einem Einwohner unseres Planeten« gemacht habe, und fährt fort: »Sei es nun, daß ich von Geburt an geisteskrank oder etwas zu gesunden Geistes war, mein Reich war nicht von dieser Welt. Ich war nur im Reich meiner Phantasie daheim und fühlte mich nur bei den großen Toten wohl.« Zugleich aber wußte er sehr wohl, daß er »sein Leben nicht auf den grünen Hügeln von Irland verträumen« konnte.

Eine Nachricht der Mutter Anfang 1876 über die tödliche Erkrankung der Schwester Agnes bewegte den knapp Zwanzigjährigen, ohne Zögern die Fähre nach England zu besteigen. Er hatte nichts zu verlieren. Was ihm Halt gab, die vielversprechende Welt der Kunst: seine Vertrautheit mit Musik, Malerei, Literatur, und eine unzerstörbare Erwartung gegenüber der eigenen Zukunft, das nahm er mit.

In London begann der langwierige Prozeß einer Jahre dauernden Entpuppung, an deren Ende G. B. S. und Bernard Shaw sich auf das glanzvollste entfalteten und rund um den Globus zum Publikumsmagneten wurden – G. B. S. als Spaßmacher, Bernard Shaw als theaterfüllender Dramatiker und begehrter Redner zu politischen, religiösen, zeitkritischen und (fast) allen erdenklichen anderen Themen. Er gab seine »Vorstellungen« und blieb als Person im Hintergrund. Seine Waffe gegen die Verletzungen, die der einst träumende »Sonny« sich, seine eigenen Hemmungen überwindend, angeeignet hatte, war von nun an das Wort. Und er führte diese Waffe mit einer Brillanz und Schlagfertigkeit, die selbst seine Gegner vergnügt aufhorchen ließ.

Die meisten seiner Spitzen galten naturgemäß den englischen Zuständen, die ihn, schmerzhafter noch als die Not in Irland, spüren ließen, wie fremd er seiner Umgebung war. Ein amerikanischer Journalist, der Jahrzehnte später einen britischen Kollegen fragte, warum manche Engländer die Witze Shaws nicht gar so erheiternd fänden wie die übrige Welt, erhielt die Antwort: »Die anderen müssen ja nicht mit ihm leben« – eine Erklärung, die Shaw vermutlich goutiert hätte, zumal er zu sich selbst keineswegs ein so affirmatives Verhältnis hatte, wie sein offenbar ungetrübtes Selbstbewußtsein suggerierte. »Ich trumpfe gern ein bißchen auf«, soll er lächelnd gesagt haben, »das mögen die Leute. Bescheidenheit ist besser, wirkt aber langweilig.«

Der vermutlich einzige Mensch, der seine permanente

Anstrengung gegen das Langweiligwirken von Grund auf durchschaute, war seine Frau Charlotte, die erkannte, daß Shaw nur überreagierte, weil er befürchtete, ansonsten kein Gehör zu finden. Er sei, informierte sie einen Reporter im Jahre 1914, das genaue Gegenteil von allem, wofür die Welt ihn halte: »Er ist nicht der unverfrorene, auftrumpfende Mensch der Volksmeinung. Er ist von Natur aus schüchtern und zurückhaltend, still und reserviert. Er läßt aber diesen Teil seines Wesens nicht die Oberhand gewinnen. Er drängt ihn weg... weil er meint, nur so sei es ihm möglich, seine Ideen und Überzeugungen zu propagieren.«

Es ist hier nicht der Ort, auf weitere psychologische oder biographische Details einzugehen; darüber gibt es ausführliche Darstellungen in hervorragend recherchierten Lebensbeschreibungen. Doch sollte man den Boden kennen, aus dem die explosive Mischung des typisch Shawschen Humors, wie er gerade auch in den Anekdoten zum Ausdruck kommt, immer wieder herausplatzt. Wenn er sprach, wartete sein Publikum gespannt auf den überraschenden »Gag«, und es mußte nicht lange warten, weder im Theater, wo seine Figuren in geistreichem Schlagabtausch Klartext redeten, noch im persönlichen Umgang. Alles, was man bei ihm voraussagen konnte, war, daß etwas Unerwartetes kommen würde und daß man darüber lachen konnte.

Diese Voraussetzungen bilden ein unbestreitbar günstiges Klima für die Entstehung und Weiterverbreitung von Anekdoten. Und tatsächlich gibt es keinen zweiten Autor der Literaturgeschichte, über den so viele Geschichten der anekdotischen Art kursieren. Ob sie alle der »Wirklichkeit« entsprechen, sei dahingestellt: Shaw selbst behauptete, die überwiegende Mehrzahl sei erfunden gewesen.

Fast scheint es, als habe ein Bedürfnis nach immer neuen Unerhörtheiten bestanden, die man ihm in den Mund legen konnte; ja, in einigen Fällen ist sogar die »Falschheit« erwiesen, ohne daß der tradierte Fundus dadurch geschrumpft wäre. Aber es geht bei diesen, anfangs vor allem mündlich erzählten, Geschichten auch nicht so sehr um nachweisbare Wirklichkeit wie um psychologische oder wenigstens potentielle Wahrheit. Insofern hat der Volksmund, ja sogar der Klatsch, eine gewisse Berechtigung, seine »Fußnoten« zu einem öffentlichen Leben und Werk hinzuzufügen.

In unserer Sammlung sind jedoch nicht nur die kurzen Standardanekdoten vertreten, die in zum Teil stark divergierenden Abweichungen heute noch zu hören und zu lesen sind (wobei es durchaus vorkommt, daß Shaw mit Mark Twain verwechselt wird), sondern auch wo möglich längere Zusammenhänge zeitraffend dargestellt, an deren Verknüpfungen oder Endpunkten Anekdotisches entstand. Diese ausführlicheren »Kettenreaktionen«, die biographische Schwerpunkte und Entwicklungen beschreiben, sind sämtlich verbürgt und anhand von Briefen und Dokumenten verifizierbar, so daß sich die vorliegende Anthologie wesentlich unterscheidet, wenn nicht gar abgrenzt, von allen bisherigen Publikationen mit Shaw-Anekdoten, denen sie nichtsdestoweniger zu Dank verpflichtet ist.

Unsere vorrangige Aufmerksamkeit gilt, über die Unterhaltungsakrobatik hinaus, dem Autor Bernard Shaw und der Person, die dahintersteht, ohne daß das Eigenleben des unvergleichlichen G. B. S. deshalb vernachlässigt worden wäre. Denn daß das Überspielen eigener Unzulänglichkeiten, aus Selbstschutz und Stolz, einem Antrieb entsprang, der dem Außenseiter half, sich und andere zum Nachdenken zu bringen, darf nicht außer acht gelassen werden.

Shaw selbst hat dieses Spiel bis zum Schluß durchgehalten, wie ein von der Schauspielerin Lilli Palmer erzähltes Erlebnis sehr schön veranschaulicht: Sie hatte den vierundneunzigjährigen, fast gehunfähigen Shaw noch kurz vor seinem Tod in seinem Haus in Ayot St. Lawrence besucht. Er ließ es sich nicht nehmen, mit ihr, mühsam, aber aufrecht, durch den Park zu gehen und sie, so gut er konnte, zu unterhalten. Beim Abschied winkte er ihr fröhlich nach und rief ihr zu – ganz G. B. S.: »Na, habe ich eine gute Vorstellung gegeben?«

In seinem Nachruf auf Bernard Shaw, den Thomas Mann über Radio BBC sprach, nennt der deutsche Kollege ihn den »lachenden Propheten einer vom Tragischen emanzipierten und entdüsterten Menschheit«: »Unermüdlich hat er die glänzende Waffe seines Wortes und Witzes eingesetzt… gegen die Dummheit. Er hat sein Bestes getan, die unheilvolle Spannung zwischen Wahrheit und Wirklichkeit auszugleichen und behilflich zu sein, die Menschheit auf eine neue Stufe ihrer sozialen Reife zu heben. Über das Allzumenschliche hat er sich lustig gemacht, doch nie über den Menschen. Er war ein Freund der Menschlichkeit, und so, denke ich, wird er in ihrem Gedächtnis, in ihrem Herzen leben.« Damit könnte Shaws eigene Prognose widerlegt werden, der auf dem Höhepunkt seines Ruhmes von einer Zeitung gebeten worden war, seine eigene Grabinschrift zu entwerfen. Er zeichnete einen von Unkraut überwucherten Stein, auf dem zu lesen war: »Hier ruht Bernard Shaw. Wer zum Teufel war das?«

U. M.-W.

Anekdoten

Auf die häufig gestellte Frage, warum er in England lebe, obwohl er soviel daran zu kritisieren hatte, erklärte Shaw: »Ich konnte mein Leben nicht auf den grünen Hügeln von Irland verträumen. England hatte Irland erobert. So blieb mir nichts anderes übrig, als herüberzukommen und als Ire England zu erobern.«

Jahrelang versuchte sich Shaw zunächst als Romancier, aber kein Verleger hatte Interesse an seinen Werken. Dennoch war der junge Autor überzeugt, ein geborener Schriftsteller zu sein. »Hat es denn Sinn«, erkundigte sich ein Bekannter, »so hartnäckig weiterzuschreiben? Sie müssen sich doch ständig Gedanken darüber machen. Und kommen diese Gedanken im Lauf der Jahre nicht immer wieder?«

»Oh, doch«, entgegnete Shaw, »aber nur, wenn ich Rückporto beilege.«

In jungen Jahren, bevor Shaw als Dramatiker Weltruhm erlangte, arbeitete er u. a. pseudonym als Musikkritiker »Corno di Bassetto«, dessen untrügliches Gespür für Qualität sehr gefürchtet und geschätzt war. Auch förderte er zahlreiche Komponisten und Interpreten, die ohne ihn kaum Beachtung in England gefunden hätten. Ein gerne zitiertes Beispiel für eines der wenigen Fehlurteile, die ihm unterliefen, ist seine Kritik an einer Aufführung von Franz Schuberts Streichquartett *Der Tod und das Mädchen*, die ihn derart ermüdet hatte, daß er schrieb: »Als man endlich zu den Variationen über den Tod und das Mädchen kam, war mir der Tod willkommen und das Mädchen egal.«

In einem Londoner Restaurant fühlte sich Shaw durch eine aufdringlich laut und dilettantisch spielende Musikband gestört. Er winkte dem Kellner, der dienstbeflissen herbeieilte.

»Spielen die Musiker auch, was von den Gästen gewünscht wird?« fragte Shaw.

»Selbstverständlich, Sir. Wünschen Sie etwas Bestimmtes?«

»Ja, richten Sie den Herren bitte aus, sie sollen, solange ich esse, Domino spielen.«

Von dieser Anekdote gibt es eine noch etwas schärfere Variante, nach welcher ein namhafter Dirigent Shaw gefragt hatte, was er denn sein Orchester spielen lassen solle, um einmal das uneingeschränkte Wohlwollen des gestrengen Kritikers zu erhalten, und die kurze und bündige Antwort bekam: »Domino.«

Auf eine der üblichen Londoner Abendgesellschaften, bei der auch Shaw zu Gast war, hatte man einen Geiger eingeladen, der sein Instrument angestrengt bearbeitete.

»Wie finden Sie ihn, Mister Shaw?« wandte sich die Dame des Hauses an den schweigsamen G. B. S.

»Er erinnert mich an Paderewsky.«

»Paderewsky?« fragte die Lady überrascht. »Aber das ist doch gar kein Geiger!«

»Ja, eben«, war die Antwort.

Ein Virtuose spielte Shaw eine hochkomplizierte moderne Klavierkomposition vor.

»Und, Mister Shaw, wie hat es Ihnen gefallen?«

»Es war entsetzlich«, antwortete Shaw.

»Aber bedenken Sie, wie überaus schwer das Stück ist.«

»Das genügt mir nicht. Ich wünschte, es wäre unspielbar.«

Shaw betrat einen Salon, in dem ein geselliges Beisammensein ihm zu Ehren stattfinden sollte, als sich die Tochter des Hauses zu seiner Begrüßung ans Klavier setzte und die Melodie einer Arie von Richard Wagner zu spielen versuchte. »Man hat mir gesagt«, wandte sie sich nach der ersten Probe ihres zweifelhaften Könnens an Shaw, »daß Sie Wagners Musik besonders lieben.«

»Ja«, nickte er ihr zu, »aber das macht nichts, spielen Sie ruhig weiter.«

Parallel zu seiner Tätigkeit als Musikkritiker machte sich Shaw, ehe er mit seinen eigenen Stücken Erfolg hatte, auch als Kunst- und Theaterkritiker einen Namen. Nicht nur seine Beurteilungen waren zumeist recht freimütig, sondern auch sein Auftreten, das mitunter selbstbewußt die Etikette vernachlässigte. So erschien er im Theater von Anfang an in seiner alten Cordjacke, weil er sich einen Frack nicht leisten konnte. Der Kontrolleur hielt ihn an und machte ihn darauf aufmerksam, daß er gegen die Kleiderordnung verstoße.

»Wenn's nur die Cordjacke ist«, sagte Shaw, »das haben wir gleich«, zog die Jacke aus, nickte dem Mann freundlich zu und betrat in Hemdsärmeln das Theater.

»Nein, nein, ich bitte Sie…«, rief der bestürzte Kontrolleur ihm nach.

»Aber ich kann mich doch nicht ganz ausziehen!« kam es kurzerhand zurück.

Dem jungen Theaterkritiker Shaw wurde öfter vorgeworfen, daß seine Urteile nicht wohlwollend genug seien. »Sie sollten erst mal sehen«, antwortete er einem Regisseur, der sich bei ihm beklagt hatte, »was ich aus Wohlwollen alles gestrichen habe!«

Umgekehrt wurden die frühen Bühnenwerke Shaws von etablierten Theaterkritikern auch fast immer mit scharfen Verrissen bedacht. Einem besonders »boshaften« Rezensenten erklärte Shaw: »Sie sind das Gegenstück zu einem Hahn auf dem Misthaufen!«

»Ein merkwürdiger Vergleich – würden Sie sich bitte etwas deutlicher ausdrücken?« fragte der Kritiker.

»Mit Vergnügen«, sagte Shaw bereitwillig, »ein Hahn scharrt so lange im Mist, bis er ein Körnchen findet. Sie aber scharren so lange in einem Körnerhaufen, bis Sie ein Stückchen Mist finden.«

Ein Starkritiker der selbstgefälligsten Sorte ließ den jungen Shaw spüren, daß er nicht in die Gilde der Professionellen gehörte.

»Ich persönlich komme aus einer Familie, die nur aus Kritikern besteht: mein Vater, meine älteren Brüder, alle sind angesehene Kritiker.«

»Da kann man ja wirklich sagen«, meinte Shaw trocken, »daß Sie unter aller Kritik erzogen wurden.«

Im Theaterfoyer: Eine Klatschtante »informiert« Shaw hinter vorgehaltener Hand, der Dramatiker X, dessen neuestes Stück gerade gespielt wurde, habe seit kurzem eine ganz reizende Geliebte.

»Das kann ich mir kaum vorstellen«, wehrte Shaw die Fortsetzung des Gesprächs ab, »bei dem schläft doch nur das Publikum.«

Oft mußte Shaw als beauftragter Theaterkritiker sehr langweilige Stücke durchsitzen. – Nach einer Premiere, während welcher sich bleierne Schwere über das Publikum gelegt hatte, sprach der Autor hinterher Shaw an und meinte sichtlich erleichtert: »Immerhin hat man mich nicht ausgepfiffen.«

»Das wäre ja auch unmöglich gewesen«, knurrte Shaw, »wie soll man denn pfeifen, wenn man gähnt.«

Nach dem ersten Akt eines ebenso belanglosen wie langweiligen Dramas wurde Shaw von einem neben ihm sitzenden Theaterbesucher nach seiner Meinung über das Stück gefragt. Der Mann schien unsicher, ob er seinem eigenen Urteil trauen konnte. Shaw lächelte und meinte: »Draußen muß ein schweres Unwetter sein.« Ratlos blickte der andere ihn an. Und Shaw ergänzte: »Sonst gingen die Leute doch jetzt reihenweise nach Hause.«

Seine drei *Stücke für Puritaner* – gab Shaw im Kreis einiger Freunde zum besten – hätten ihm hohe Anerkennung eingebracht: »Kürzlich war ich im Gespräch mit einem Schotten, der mir seine Bewunderung gestand und zum Schluß sagte, er hätte sich das Buch *fast* gekauft.«

So unerbittlich Shaw seine Charaktere auf der Bühne aufeinanderprallen ließ, so scharf er seine politischen Argumente in ungezählten Essays, Zeitungsartikeln und Reden zu formulieren pflegte – im persönlichen Umgang war er der denkbar liebenswürdigste und freundlichste Mensch. Den Überraschungseffekt, den er nicht selten dadurch auslöste, kommentierte er folgendermaßen: »Ich setze Fremde immer durch meine Liebenswürdigkeit in Erstaunen, denn da kein menschliches Wesen auch nur annähernd so unangenehm sein kann, wie es von mir erwartet wird, muß ich nur einfach höflich sein, um ganz bezaubernd zu scheinen.«

Bei einer Probe unterbrach Shaw einen Schauspieler, der dafür bekannt war, daß er gerne improvisierte: »Bitte hören Sie auf! Der Text ist ja äußerst geschmacklos.« Der Schauspieler erwiderte sehr erstaunt: »Aber das sind doch Ihre Worte. Ich habe nichts verändert.« Shaw blickte in das Textbuch und mußte zugeben, daß der Schauspieler recht hatte: »Mein Gott, wie tief man doch sinken kann!«

Eine gehässige und geltungssüchtige Schauspielerin zog über eine Kollegin her, deren angebliche Eitelkeit ihr das Leben unerträglich mache. Shaw hörte sich die Invektive an und entschied: »Es gibt zwei Arten von Eitelkeit. Die leicht erkennbare ist die, über sich selbst gut zu reden, die versteckte, über andere schlecht zu reden.«

Der Reporter einer Zeitschrift stellte Shaw, der von sich sagte, daß er gar keine Zeit habe, darüber nachzudenken, ob er glücklich oder unglücklich sei, die Frage: »Aber glauben Sie wenigstens an so etwas wie Glück?«

»Es bleibt mir nichts anderes übrig«, bekam er zu hören. »Wie soll ich mir sonst den Erfolg der Leute erklären, die mir unsympathisch sind?«

Das Imponiergehabe eines Dramatikers, dessen erstes Stück vor kurzem aufgeführt worden war, ging Shaw allmählich auf die Nerven.

»Die Leute«, betonte der Prahler, »haben tatsächlich die Theaterkasse gestürmt.«

»Und – haben sie ihr Geld auch zurückbekommen?« erkundigte sich Shaw.

Eine Zeitschrift sandte Shaw einen numerierten Fragebogen mit der Aufforderung, seine zehn Lieblingsschriftsteller unter den lebenden Autoren zu nennen.

Als er nichts von sich hören ließ, mahnte die Redaktion seine Antwort an, erhielt den Fragebogen zurück und konnte unter den einzelnen Rubriken lesen:

1. Shaw
2. Bernard Shaw
3. George Bernard Shaw
4. G. Bernard Shaw
5. George B. Shaw
6. G. B. Shaw
7. G. B. S.
8. George Shaw
9. Shaw, G. B.
10. Shaw, George Bernard

Dieser Fragebogen ist in zahlreichen Abweichungen überliefert mit bis zu zwölf Namensumstellungen. Nach einer gerne erzählten Version soll Shaw am Ende noch hinzugefügt haben, daß die Reihenfolge nicht als Wertung ausgelegt werden möchte.

Eine andere Zeitschrift bat Shaw 1901, seine zehn Lieblingsbücher aufzuzählen. »Ich bitte Sie, noch ein wenig zu warten«, schrieb er zurück, »so viele habe ich noch nicht geschrieben.«

Die Londoner Premiere von Shaws Komödie *Helden,* die übrigens zunächst als ernstes Drama gespielt wurde und dadurch um so mehr Lacher auslöste, war ein großer Publikumserfolg. Bis auf einen Zischer gab es nur Begeisterungsrufe. Als der Autor auf Wunsch der Thea-

Geteilte Reaktion
Der Dramatiker und sein Publikum

terleitung vor den Vorhang trat, setzte er der Heiterkeit die Krone auf, indem er sich vor dem Zischer verbeugte und sagte: »Ja, mein Lieber, ich bin ganz einer Meinung mit Ihnen, aber was können wir zwei gegen so viele ausrichten?«

Nach einer umjubelten Aufführung seines Stückes *Candida* in New York telegraphierte Shaw an die Hauptdarstellerin: »Großartig! Unübertrefflich!«

Geschmeichelt von soviel Anerkennung, telegraphierte sie, mit Bescheidenheit kokettierend, zurück: »Lob unverdient.«

Darauf Shaw: »Ich meinte das Stück.«

Die Schauspielerin war gekränkt, erwiderte den Hieb aber schlagfertig: »Ich auch.«

Von Zeitungen und Zeitschriften erhielt Shaw über Jahre hinweg ungezählte Anfragen zu hypothetischen Situationen nach dem Motto: »Was würden Sie tun, wenn…«

Nach seinem ersten größeren Theatererfolg wollte ein Magazin wissen: »Was würden Sie tun, wenn Sie plötzlich eine Million hätten?«

»Keine Ahnung«, schrieb Shaw zurück. »Aber schikken Sie ruhig das Geld, dann werden wir sehen.«

Auf die Empfehlung Shaws, das Werk eines Nachwuchsdramatikers in den Spielplan zu übernehmen, erkundigte sich der Theaterdirektor nach dem Inhalt des Stückes.

Shaw teilte ihm mit: »Erster Akt – er liebt sie, sie liebt ihn. Zweiter Akt – er liebt sie, sie liebt ihn. Dritter Akt – er liebt sie, sie liebt ihn. Alles sehr spannend.«

»Was soll das?« fragte der Direktor zurück. »Daraus kann doch gar keine Spannung entstehen.«

»Oh, doch«, erwiderte Shaw. »Die Spannung liegt darin, daß *sie* in allen drei Akten dieselbe ist, *er* aber in jedem Akt ein anderer.«

Ein Schauspieler bat Shaw hartnäckig um ein Empfehlungsschreiben und erhielt endlich folgenden Brief: »Ich empfehle Ihnen den Schauspieler X aufs wärmste. Er ist sehr vielseitig, spielt Hamlet, Shylock, Cäsar, Flöte und Billard. Letzteres spielt er am besten.«

Viele tausend Vorträge hat Shaw in seinem Leben gehalten, ohne ein einziges Mal Honorar dafür zu nehmen. Er begründete dies damit, daß er sich dann freier fühlte. Zu Recht, wie sich herausstellen sollte.

Einmal kam die Einladung eines Ortsverbandes zu einem Auftritt in der Bürgerhalle, gegen hohe Bezahlung, aber mit der Einschränkung, er solle nicht über Politik oder Religion oder irgend etwas sonst reden,

Der Redner

was das Publikum verletzen könne. Shaw erklärte: »Ich habe nie über etwas anderes geredet als über Politik und Religion und immer den einen oder anderen verletzt; eben deshalb verzichte ich grundsätzlich auf jede Bezahlung!« Der Verband schrieb zurück: »Wenn Sie kein Geld wollen, können Sie natürlich über alles reden, was Ihnen Spaß macht.«

Seine Reden hielt Shaw stets sehr deutlich artikuliert, ohne seine Rhetorik durch besondere Lautstärke zu unterstützen. Einmal wurde er auf einer etwas unruhigen Versammlung gleich zu Anfang von einem Rufer unterbrochen: »Lauter!«

Shaw hielt inne und schlug vor: »Am besten, Sie sind alle etwas leiser – dann bin ich laut genug.«

»Wenn Sie sich nicht ändern, Mister Shaw«, sagte ein aalglatter Politiker auf einer Tagung, nachdem der furiose G. B. S. wieder einmal verbale Hiebe ausgeteilt hatte, »werden Sie bald keinen einzigen Freund mehr haben.«

»Schon möglich«, war die Antwort, »aber wenn ich so wäre wie Sie, hätte ich nicht mal einen einzigen Feind. Und wie soll es dann politisch weitergehen?«

Der Prediger der eigenen Wahrheit

Ein Journalist erzählte Shaw von einem Kollegen, der wegen eines Enthüllungsartikels von dem Betroffenen auf offener Straße geohrfeigt worden sei. »Ich verstehe nicht, wie man einen Zeitungsartikel so ernst nehmen kann«, fügte er hinzu. »Ich auch nicht«, entgegnete Shaw, »aber freuen wir uns doch, daß unser Freund so sehr im Ansehen gestiegen ist.«

In einer vehementen Ansprache kritisierte Shaw die anglikanische Kirche und forderte anschließend zur öffentlichen Diskussion auf. Die Stimmung gegen ihn war eisig.

Ein nervöser Geistlicher, dem stichhaltige Gegenargumente fehlten, der aber seine Institution verteidigen mußte, fragte: »Sind Sie überhaupt ein Christ, Mister Shaw?« Dieser lächelte milde: »Aber natürlich – stünde ich sonst hier auf so einsamem Posten?«

Ein kettenrauchender Journalist verbrachte den Abend bei Shaw, stellte Frage um Frage und vergaß, daß sein Gastgeber Frischluftanhänger war. Gegen Mitternacht holte er eine besonders dicke Pfeife hervor und fing an, sie genüßlich zu stopfen, als Shaw zur Türe ging und sagte: »Aber es regnet und stürmt. Wollen Sie bei dem Wetter wirklich auf der Straße rauchen?«

Nach einem Bankett zogen sich die Herren in den Rauchersalon zurück. »Warum kommen Sie nicht wenigstens auf eine Zigarre mit?« fragte ihn einer. »Ach, wissen Sie«, wehrte Shaw ab, »mit den Zigarren ist es mir ähnlich ergangen wie mit den Frauen. Am Anfang ist es ein Genuß, aber später sammelt sich leider das ganze Gift im Mundstück.«

Fast zweiundvierzigjährig und zutiefst davon überzeugt, nicht ehetauglich zu sein, heiratete der damals an einem Knochenleiden schwer erkrankte Shaw die ebenfalls in London lebende Irin Charlotte Payne-Townshend, die es sich in den Kopf gesetzt hatte, ihn gesund zu pflegen und überhaupt dafür zu sorgen, daß er vernünftiger lebte. Allen Zeremonien abgeneigt und, wie er rückblickend sagte, »aus dem Blickwinkel des Sterbenden«, bestand Shaw darauf, die Formalität möglichst rasch und ohne allen Aufwand hinter sich zu bringen. Zwei Trauzeugen wurden in Eile zum Standesamt gebeten: die Freunde Graham Wallas und Henry Salt. Sie erschienen in ihren besten Anzügen, Shaw auf Krücken und in einer alten Joppe mit Lederflicken, die schon stark abgeschabt waren.

Der Standesbeamte wandte sich, ohne zu zögern, an den besonders elegant gekleideten Wallas und wollte, wie Shaw erheitert berichtete, »ihn in aller Ruhe an meine Verlobte verehelichen«. Erst im letzten Moment korrigierte Shaw den Irrtum, worauf der Beamte betroffen sagte: »Ich dachte, Sie seien der unvermeid-

liche Bettler, der sich jeder Hochzeitsgesellschaft an-
schließt.«

Zu seinen Ansichten über die Ehe befragt, die er einmal als »Mysterium« bezeichnete, antwortete Shaw:
»Mit der Ehe ist es wie mit der Freimaurerei. Diejenigen, die nicht im Bund sind, können nicht mitreden,
und diejenigen, die dazugehören, sind zum Schweigen
verpflichtet.«

Ein Journalist, der Shaw zu seiner Hochzeitsfeier ein-
lud, erhielt eine freundliche Absage mit der Erklärung,
derart »schicksalsentscheidenden Feierlichkeiten« blei-
be er, Shaw, grundsätzlich fern; im übrigen habe er für
einen solchen Anlaß gar keinen geeigneten Anzug. Den
Betrag, den ihn die Anschaffung kosten würde, legte er
seinem Brief als Scheck für den Bräutigam bei. »Für
Sie«, schrieb er, »ist ein guter Anzug sicherlich sehr
nützlich, da Sie Ihren Lebensunterhalt unter anderem
damit verdienen müssen, oft auf Gesellschaften zu gehen. So scheint mir die vernünftigste Lösung des Pro-
blems zu sein, Ihnen zu Ihrer Hochzeit den Anzug zu
schenken, in dem ich Sie ansonsten bei Ihrer Trauzere-
monie beehrt hätte.«

Einem weitläufig mit ihm verwandten Hochzeitspaar sandte Shaw, der gerne etwas Vernünftiges schenkte, einen Scheck, da er nicht recht wußte, womit er den jungen Leuten eine Freude machen konnte. Das nüchterne Geldgeschenk wurde jedoch als unfein empfunden. Man hielt es für einen schlechten Witz und sandte den Scheck zurück.

»Na, gut«, schrieb Shaw daraufhin den Hochzeitern, »ich muß mir also etwas einfallen lassen, was ich euch kaufen könnte: ein Fischbesteck oder eine edle Vase oder einen vergoldeten Schirmständer. Aber weil ihr nicht begreifen wollt, wieviel besser der Scheck gewesen wäre, hoffe ich, daß ihr zu eurem Festtag siebenundzwanzig Fischbestecke, fünfunddreißig Vasen und mindestens vierzehn Schirmständer bekommt.«

Nach dem Erfolg seines Heilsarmee-Stückes *Major Barbara* kam eine begeisterte Vertreterin dieser christlich-sozialen Organisation zu Shaw und schwärmte ihm vor, daß er sich mit seinem Werk einen Platz im Himmel verdient habe. »Ich weiß nicht«, sagte Shaw, »ob das gut für mich wäre. Klimatisch ziehe ich den Himmel ja vor, aber die interessantere Gesellschaft ist sicher in der Hölle.«

Sie sind sehr geschickt, Mister Shaw«, kommentierte ein Kritiker, »Ihre bitteren Pillen verpacken Sie immer in eine Zuckerhülle. Das erklärt Ihre große Beliebtheit.«

»Leider«, meinte Shaw, »ist das Publikum noch schlauer: es schleckt den Zucker ab und spuckt die Pille aus.«

Eine der meisterzählten Anekdoten um Bernard Shaw betrifft seine Entscheidung, das ehemalige Pfarrhaus von Ayot St. Lawrence in der Grafschaft Hertfordshire unweit von London zu seinem Wohnsitz zu machen. Das schmucklose Backsteingebäude, das heute als »Shaw's Corner« eine öffentliche Gedenkstätte ist, die zahlreiche Besucher anlockt, war von Shaw und seiner Frau Charlotte zunächst gemietet, dann gekauft worden; es hatte zwar kaum äußere Vorzüge, außer einer schönen Parkanlage, lag aber so versteckt, daß es als perfekte Zuflucht dienen konnte. Befragt, warum er sich ein derart verlassenes Nest ausgesucht habe, forderte Shaw gerne zu einem Spaziergang über den Dorffriedhof auf und führte seine Gäste an den Grabstein einer Mary Ann South, die von 1825-1895 in Ayot St. Lawrence gelebt hatte. Unter den Lebensdaten der Verstorbenen stand – und steht heute noch lesbar, wenn auch verwittert: »Her time was short« (Ihre Zeit war kurz).

»Wenn siebzig Jahre hier für kurz gelten«, pflegte Shaw zu sagen, »dann ist das doch ein guter Platz, um alt zu werden.«

Der große blühende Park hinter Shaws Haus in Ayot St. Lawrence war (und ist) besonders eindrucksvoll. Ein Besucher, von der Blumenpracht entzückt, zeigte sich erstaunt, daß im Haus selbst kein einziger Blumenstrauß aufgestellt war. »Sie lieben doch Blumen, Mister Shaw«, bemerkte er, »das sieht man an Ihrem Garten – aber warum schneiden Sie nicht ein paar ab und schmücken das Zimmer damit?«

»Ich liebe auch Kinder und Tiere«, kam es zurück, »aber deswegen schneide ich ihnen doch nicht die Köpfe ab.«

In der Londoner Wohnung 10 Adelphi Terrace, Whitehall Court, wo das Ehepaar Shaw regelmäßig drei Tage pro Woche verbrachte, um Geschäftliches und Gesellschaftliches zu erledigen, fiel öfter die Heizung aus. Mitten im naßkalten Winter war es wieder einmal soweit. Shaw zog seine Schuhe aus und legte die Füße auf die Dampfheizung, ohne noch den Grund für sein Frieren festgestellt zu haben. Nach einer Stunde klopfte es, der Hausmeister stand vor der Tür und entschuldigte sich, daß die Heizung schon seit Tagen streike. »Ach, schade, daß Sie mir das sagen«, beklagte Shaw, »gerade eben sind meine Füße ein bißchen warm geworden.«

Beim Einsteigen in die Bahn von London nach Ayot St. Lawrence traf Shaw einen Londoner Bekannten, dem es sichtlich peinlich war, daß er nur eine Karte für die zweite Klasse hatte. »Wissen Sie«, fing er an, »in den einfachen Abteils gefällt es mir besser, die Leute sind interessanter, die Gespräche lebhafter …« »Schon recht«, unterbrach ihn Shaw, »mir ist die erste Klasse auch zu teuer.«

Zwei Kartenspieler in einem Londoner Klub fingen an, lautstark zu streiten. Die Beleidigungen nahmen zu, bis der eine dem andern die Karten ins Gesicht schleuderte. Der Getroffene suchte Unterstützung bei Shaw: »Soll ich mir das gefallen lassen?«

Shaw suchte zu besänftigen: »Zeigen Sie sich souverän, und schätzen Sie sich glücklich.«

»Auch noch glücklich!?« erregte sich der Mann.

»Aber ja – Stellen Sie sich doch mal vor, Sie hätten mit ihm gekegelt.«

Sir Conan Doyle, der geistige Vater von Sherlock Holmes, war ein überzeugter Spiritist und nahm gerne an Séancen teil. Einmal erzählte er dem skeptischen Kollegen andächtig von der Beschwörung eines Geistes.

»Und ich versichere Ihnen, der Tisch begann wirklich hin und her zu rücken.«

»Warum nicht?« meinte Shaw. »Der Klügere gibt eben nach.«

Ich kann Gedanken lesen«, brüstete sich ein Gast auf einer Abendgesellschaft. Shaw hörte nicht auf seine Reden und sprach weiter mit den ihm bekannten Anwesenden.

»Ich kann Gedanken lesen«, wiederholte der Mann, Aufmerksamkeit heischend, mit lauter Stimme. Shaw sah ihn fragend an: »Und wieso sind Sie dann immer noch hier?«

Auf einem Gartenfest snobistischer Adliger – jener Klasse, die sich von Shaw heftig kritisiert wußte, die er aber auch gerne studierte – fragte ihn ein Lord mit süßsaurer Miene:

»Sagen Sie, Mister Shaw, stimmt es, daß Ihr Vater nur ein kleiner Getreidehändler war?«

»Ja genau, Sir, das stimmt.«

Der Lord weiter: »Und warum sind Sie nicht auch einer geworden?«

Shaw lächelte: »War Ihr Vater nicht ein Gentleman?«

»Natürlich.«

»Und warum sind Sie nicht auch einer geworden?«

G. B. S. der Jongleur

Eine adlige Dame, die Shaw auf einer Gesellschaft den ganzen Abend mit Fragen überschüttet hatte und erstaunt war über seine Intelligenz, seufzte betroffen: »Wie kann man nur so gescheit sein.«

»Ach«, sagte Shaw, »die Wirkung kann man leicht hervorrufen – man muß nur seine dummen Gedanken für sich behalten.«

In einer Gesprächsrunde kam man auf die Bigamie zu sprechen. Eine Dame ereiferte sich: »Das ist das Schlimmste, was man sich vorstellen kann.«

Shaw überlegte nicht lange: »Eigentlich heißt Bigamie doch nur, daß man eine Frau zuviel hat. Aber hören Sie sich mal um – in der Monogamie ist es meistens genauso.«

Ich kann mir nichts Schlimmeres vorstellen«, schrieb eine bitter enttäuschte Frau an Shaw, »als einem Heiratsschwindler vertraut zu haben, der sein Versprechen so leichtfertig bricht.«

»Gnädige Frau«, tröstete Shaw die Unglückliche, »ich bin fest davon überzeugt, daß es Ihnen noch sehr viel schlimmer ergangen wäre, wenn er sein Versprechen gehalten hätte.«

Der Anti-Romantiker Shaw erzählte eine rührende Liebesgeschichte in Form eines Volksmärchens, ausgeschmückt mit den gefühlvollsten Phantasien und Abenteuern, die ein schönes Mädchen und ein tapferer Jüngling bestehen müssen. »Und sie lebten glücklich und zufrieden bis an ihr Lebensende«, schloß er die traumhafte Romanze ab, »denn sie heiratete einen *anderen* Mann und er eine *andere* Frau.«

Ein stehender Londoner Witz machte wieder einmal die Runde, und eine junge Dame fühlte sich bemüßigt, Shaw damit aufzuheitern. Er hörte nur halb hin und gab zu verstehen, daß ihm die Pointe bekannt war. »Nein, nein«, verteidigte sich die Dame, »Sie sind sehr ungalant, der Witz ist von mir. Den können Sie gar nicht kennen.«

»Es wäre noch viel ungalanter«, lächelte Shaw, »wenn ich Ihnen das glauben würde. So alt sind Sie doch sicher nicht.«

Eine hübsche junge Verehrerin Shaws fragte ihn, ob er auch, wie manche der neueren Wissenschaftler, glaube, daß der Mensch vom Affen abstamme.

Shaw betrachtete sie freundlich und meinte: »Natürlich nicht, denn einen Affen, der so bezaubernd ist, daß Sie von ihm abstammen könnten, kann ich mir gar nicht vorstellen.«

Shaws Vorwort zur ersten deutschen Gesamtausgabe seiner Werke in der Übersetzung von Siegfried Trebitsch hatte den Titel »Was ich der deutschen Kultur verdanke«. Um ein für allemal seinen vielgescholtenen Übersetzer in Schutz zu nehmen, schrieb Shaw darin mit der ihm eigenen Ironie: »...Es ist mir klar: wenn seine Übersetzungen gar keine Übersetzungen sind, sondern kühne Fälschungen, von einem Manne verübt, der keine Kenntnis meiner Sprache besitzt, so muß er ein höchst talentvoller Dramatiker sein, um einen solchen Erfolg auf dem Theater zuwege zu bringen, und ein ganz verteufelt kluger Mann, um mit mir in einer Sprache, die er weder sprechen noch schreiben kann, zu sprechen und zu korrespondieren. Auch die Großmut, mit welcher er mit mir Tantiemen teilt, die mit Stücken verdient werden, an denen ich, wie es scheint, keinen Anteil hatte, gibt ihm Anspruch auf meine ewige Dankbarkeit...«

Shaw hielt Siegfried Trebitsch die Treue, ja überließ ihm sogar – eine in der Literaturgeschichte einmalige Vereinbarung – fünfzig Prozent aller auf deutschsprachigen Bühnen eingespielten Honorare für seine Stücke.

Nachdem Trebitsch den Werken Shaws, vor allem unter der Regie von Max Reinhardt, zu unerwartet großer Resonanz verholfen hatte, meldeten sich bald kritische Stimmen, die der Übersetzung gravierende Mängel vorwarfen.

Wieder einmal wurde Shaw darauf angesprochen,

winkte aber dezidiert ab: »Wahrscheinlich verbessert Trebitsch meine Stücke sogar – wie sonst soll ich es mir erklären, daß ich aus Deutschland mehr Tantiemen erhalte als aus allen anderen Ländern? Jedenfalls meine ich, Trebitsch überträgt sehr gut – nämlich er überträgt Geld in meine Tasche.«

Daß Shaw sich, trotz aller öffentlich geäußerten Loyalität, der Unzulänglichkeiten in Trebitschs Übersetzungen bewußt war, veranschaulicht eine von Egon Friedell, dem österreichischen Autor u. a. der *Kulturgeschichte der Neuzeit*, erzählte Geschichte, die Ludwig Möllhausen 1931 in einer Sammlung von Shaw-Anekdoten überliefert mit dem Hinweis, sie sei zwar »schlecht verbürgt, aber um so wahrscheinlicher«.

Shaw wollte Siegfried Trebitsch zu dessen 50. Geburtstag dadurch ehren, daß er eines von Trebitschs Theaterstücken aus dem deutschen Original ins Englische übertrug. Unter seinen Papieren fand er ein Drama in Trebitschs Handschrift und begann gleich mit der Arbeit.

»Ich hatte schon zwei Akte übersetzt«, soll Shaw später erzählt haben, »da machte mich meine Frau darauf aufmerksam, daß das Stück nichts anderes als die Trebitsch-Übersetzung eines *meiner* Dramen war. Ich habe es die ganze Zeit über wahrhaftig nicht bemerkt.«

In der Folge »übersetzte« er, obwohl des Deutschen keineswegs mächtig, tatsächlich ein Drama von Trebitsch: *Frau Gittas Sühne* – das sogar in den USA und

England aufgeführt wurde. Zum Entsetzen Trebitschs war aus seiner Tragödie unter Shaws Feder allerdings eine Komödie geworden, so daß Trebitsch nun seinerseits sein Stück nicht mehr wiedererkannte. Shaw hatte ihn jedoch darauf vorbereitet: »Ich mußte instinktiv erraten, worum es bei alldem geht… die meisten Ihrer Wörter stehen nicht im Wörterbuch.« Durch seine »Übersetzung« sei das Schicksal der betroffenen Personen immerhin weniger hoffnungslos geworden: das eben sei die »frohe Botschaft« zum Geburtstag seines getreuen Weggefährten.

Zeitverschiebung.
Folio-Band mit Werken Shaws aus der
Bibliothek von William Shakespeare

Den offiziellen Feiern zu Shakespeares 350. Geburtstag im Jahre 1914, zu denen Shaw als Ehrengast geladen war, blieb er mit folgender Begründung fern: »Ich sehe nicht ein, warum ich einen fremden Geburtstag feiern sollte. Ich feiere nicht mal meinen eigenen.«

Im Ersten Weltkrieg, als Shaw und Winston Churchill in England »personae non gratae« waren, schickte Shaw dem Politiker, mit dem ihn eine Art Haßliebe verband, als Geste des guten Willens zwei Freikarten zur Premiere seines neuesten Stückes mit den Zeilen: »Anbei übersende ich Ihnen zwei Karten, eine für Sie selbst, die andere für einen Freund, falls Sie noch einen haben.« Die Sendung kam zurück mit der Anmerkung: »Bin leider zur Premiere verhindert. Erbitte Karten für die zweite Vorstellung, falls noch eine stattfindet.«

Ein erfolgreicher amerikanischer Geschäftsmann erzählt Shaw von seinen außergewöhnlichen Erfolgen und betonte: »Ich bin durch und durch ein Selfmademan.« »So, so«, sagte Shaw, »selbstgemacht, dann haben Sie also Ihren Eltern die Mitarbeit erspart?«

Ein ausländischer Verlag wollte die erfolgreichsten Werke Shaws in sein Programm übernehmen und bat ihn, auf sein Autorenhonorar zu verzichten.

»Wir sind ein junges Unternehmen und können den Betrag nicht zahlen«, schrieb der Verlagsleiter.

»Nicht weiter schlimm«, antwortete Shaw, »ich kann gerne warten, bis Ihr Verlag etwas älter geworden ist.«

Auf einem Spaziergang mit einem Freund sah Shaw ein paar Halbwüchsige, die offenbar zum Spaß einen Hund quälten. Shaw verlor die Nerven und gab dem Anführer der Gruppe einen kräftigen Schlag mit dem Spazierstock.

»Aber, mein Lieber, was tun Sie denn?« entsetzte sich sein Begleiter. »Ich denke, Sie lehnen jede körperliche Gewalt ab?«

»Das tue ich auch«, knurrte Shaw, »aber ich habe nie behauptet, konsequent zu sein.«

Eine Dame, die überzeugt war, Shaws Wohlgefallen erregt zu haben, stellte ihm gegen Ende eines Gesprächs die Frage: »Für wie alt halten Sie mich denn?«

»Tja«, meinte G. B. S., »Ihrer Frisur nach für neunzehn, Ihren Zähnen nach für zwanzig und Ihrem ganzen Auftreten nach für sechzehn.«

Die Dame wußte nicht recht, ob dies ein Kompliment war, und machte den Fehler, noch einmal nachzufragen: »Wie soll ich das verstehen?«

Shaw daraufhin: »Ganz einfach, zählen Sie alles zusammen, neunzehn und zwanzig und sechzehn – macht fünfundfünfzig.«

Der Amerikaner Archibald Henderson schrieb drei umfangreiche Biographien Shaws: eine, die bereits 1911 in New York erschien, eine weitere 1934 und eine abschließende 1956. Solange Shaw noch Rede und Antwort stehen konnte, unterhielten die beiden jahrelange Briefwechsel, ab und zu unterbrochen von persönlichen Gesprächen bei Besuchen Hendersons, die er in einem Bändchen unter dem Titel *Tischgespräche mit Bernard Shaw* veröffentlichte. Daraus drei Beispiele:

Henderson (1924): »Werden Sie noch weitere Stücke schreiben?«
Shaw: »Wird eine Ente schwimmen? –
Ich kann's nicht ändern.«

Henderson: »Sind Sie Mitglied der Arbeiterpartei?«
Shaw: »Ja.«
Henderson: »Warum?«
Shaw: »Warum nicht? Soll ich die Faulenzerpartei unterstützen?«

Zum Thema Pornographie erwartete der etwas simple Henderson moralische Schützenhilfe von G. B. S. und erzählte ihm von der »endgültigen Wendung zum Schlechten« in der zeitgenössischen Literatur, den empörenden

Machwerken »voll Schlüpfrigkeit« und »düsterer Sinnlichkeit«.

Shaw klärte ihn auf, weshalb auch er – aber aus ganz anderen Gründen – gegen die Vermarktung der Sexualität war: »Die pornographischen Romane gründen sich auf einen Mangel, den die Literatur nicht ausfüllen kann. Sie bieten einem hungrigen Menschen die Beschreibung einer Mahlzeit. Selbst wenn die Beschreibungen lebenswahr wären, würden sie den Hunger nicht befriedigen.«

Man disputierte heftig über die Emanzipation der Frauen. »Wir hätten gerne eine klare Stellungnahme von Ihnen, Mister Shaw«, rief die radikale Frauenrechtlerin Emmeline Pankhurst in die Versammlung. »Einerseits setzen Sie sich für die Frauen ein, andererseits koppeln Sie Ihr Engagement immer mit den Rechten der Männer. Gibt es überhaupt eine Frauenbewegung, die Ihnen voll und ganz zusagt?«

»Aber ja«, lächelte G. B. S. zuvorkommend, »die mir liebste Frauenbewegung ist und bleibt das Tanzen.«

Eine junge Autorin redete unentwegt auf Shaw ein: über Gott und die Welt, über das Bevölkerungsproblem, die kulturellen und wissenschaftlichen Veränderungen des Jahrhunderts, die politische Korruption, die Ursachen der Kriege in aller Welt und über ihren ständigen

Einsatz gegen das globale Unheil überhaupt. Am Ende wurde sie persönlich: »Und trotzdem hätte ich ganz gern eine Familie – Mann und Kinder. Glauben Sie, daß ich es schaffen werde?

»Wohl kaum«, erwiderte Shaw. »Sie sind nämlich zu intelligent, um mit einem Mann zufrieden zu sein, der dumm genug ist, Sie heiraten zu wollen.«

Nachdem eines seiner Stücke auf Anhieb keinen großen Erfolg hatte und manche Kritiker die Länge der Dialoge dafür verantwortlich machten, die zuviel Durchhaltevermögen erforderten, erklärte Shaw einem Freund: »Ich habe mich ein Leben lang mit meinen Zeitgenossen gelangweilt, jetzt können sie sich auch mal bei mir ein bißchen langweilen.«

Einem amerikanischen Regisseur, der gar um Kürzung eines Stückes bat, weil die New Yorker Theaterbesucher sonst riskierten, die letzten Vorstadtzüge nicht mehr zu erreichen, telegraphierte Shaw in den zwanziger Jahren: »Gestatte keine Kürzung. Lassen Sie die Fahrpläne ändern!«

Shaw war einer der ersten und überzeugtesten Verehrer des Bildhauers Auguste Rodin, der später im Auftrag von Shaws Gattin Charlotte eine der berühmtesten Büsten des Dramatikers modellieren sollte.

Superman G. B. S.

Zu einer Zeit, da dem französischen Künstler in England noch mehr Spott als Anerkennung zuteil wurde, griff Shaw zu einer List, um den Verständnislosen eine Lektion zu erteilen. Er lud einige der erbittertsten Gegner Rodins zu sich nach Hause, legte ihnen eine Mappe mit Zeichnungen und Skizzen mehrerer Plastiken vor und erklärte: »Das sind die letzten Entwürfe des großen Meisters.« Die Anwesenden warfen einen kurzen Blick darauf und begannen, hämisch zu lachen.

»Ach, entschuldigen Sie«, unterbrach Shaw das Gelächter, »ich habe Ihnen eine falsche Mappe gezeigt. Die Blätter hier sind ja Arbeiten von Michelangelo.«

Als Shaw in Paris zu einem Diner eingeladen wurde, das Rodin zu Ehren stattfand, zeigte er sich hocherfreut, daß man ihn solcher Aufmerksamkeit für würdig befand, und gab der Hoffnung Ausdruck, künftig in einschlägigen Lexika erwähnt zu werden als »Shaw, Bernard: Modell einer Büste von Rodin. Ansonsten unbekannt«.

In New York gab es Mitte der zwanziger Jahre eine »Liga zum Schutz des Genies« (League for fostering Genius), die ein ausgedehntes Gelände erworben hatte, auf dem sie, nach Parzellen unterteilt, den Großen der Welt eine letzte ehrenvolle Ruhestätte anbot. Zu diesem Zweck versandte sie Schreiben in alle Welt mit der Aufforderung an die berühmtesten Künstler und Wissenschaftler, sich ihr Grabmal rechtzeitig zu reservieren. Die meisten Adressaten machten sich nicht einmal die Mühe, darauf zu antworten. Shaw war einer der wenigen, die reagierten:

»Mit Dank für Ihr Angebot möchte ich Ihnen mitteilen, daß ich vorhabe, mir meine Grabstätte selbst zu bauen, und zwar aus den unzähligen Steinen, dir mir meine Zeitgenossen in den Weg gelegt haben und noch immer legen. Meine Einnahmen als Autor würden leider nicht ausreichen, alle diese Steine nach Amerika zu verfrachten.«

Mit unbeirrbarem Eigensinn schrieb Shaw seine Theaterstücke gegen alle Regeln der zeitgenössischen Bühnenkunst. Erst im Alter von fünfzig Jahren hatte er als Dramatiker mit dem Lustspiel *Pygmalion* seinen eigentlichen Durchbruch, und weitere zehn Jahre dauerte es, bis er 1924 mit der *Heiligen Johanna* auch weltweit als seriöser Dramendichter anerkannt wurde. Auf die Frage, ob er jetzt nicht daran denke, katholisch zu werden, meinte er: »Für zwei Päpste hat die Kirche keinen Platz.« Ein Jahr später wurde er mit dem Nobelpreis ausgezeichnet.

Spätestens seit der *Heiligen Johanna* galt Shaw als Fachmann für theologische Fragen. Bei einer Gesellschaft im Hause seiner konservativen Freundin Lady Nancy Astor kam man auf religiöse Dogmen und, im Zusammenhang mit der christlichen Ablehnung der Sexualität, auf die Unbefleckte Empfängnis zu sprechen. Der daraus entstehende Wortwechsel zwischen Katholiken und Protestanten drohte in eine heftige Auseinandersetzung überzugehen, die der Gastgeberin unangenehm war, so daß sie Shaw bat, den Streit zu einem möglichst versöhnlichen Ende zu bringen. Er überlegte nicht lange und meinte dann salomonisch: »Meine Damen und Herren, die Sache ist doch ganz einfach. Wenn man es recht bedenkt, ist jede Empfängnis unbefleckt.«

Ein Maler brachte Shaw einen Stoß kubistischer Zeichnungen, die er als Illustrationen für eine Sonderausgabe der *Heiligen Johanna* gedacht hatte. Shaw sah sich die Arbeiten an, verbarg seine Abneigung und sagte am Schluß, die Blätter sollten eigentlich das Schicksal der Heiligen Johanna teilen.

Der Künstler war geschmeichelt, setzte sich mit einem Verlag in Verbindung und teilte diesem das Urteil Shaws mit. Um sich zu vergewissern, rief der Verleger den Autor an und erhielt die Auskunft: »Ja, ganz recht, das habe ich gesagt. Nur bin ich mißverstanden worden. Ich habe nicht mein Stück gemeint, sondern natürlich die historische Jungfrau von Orléans.«

Papst wider Willen

Im Jahre 1925 wurde Shaw mit dem Nobelpreis für Literatur ausgezeichnet. Nach anfänglicher Verweigerung nahm er ihn 1926 doch an, unter der Bedingung, daß er nicht zum Festakt erscheinen mußte und daß die Preissumme zur Förderung der kulturellen Beziehungen zwischen Schweden und Großbritannien verwandt wurde. (Das erste Projekt, das die Stiftung damit finanzierte, war die englische Übersetzung der Werke von August Strindberg.)

»Der Nobelpreis ist ein schauerliches Unglück«, schrieb Shaw an seinen französischen Übersetzer Augustin Hamon – nachdem ihn Tausende von Bittbriefen erreichten, als bekannt wurde, daß er das Geld abgelehnt hatte. Fast alle Absender wollten ein Darlehen, »meist die ganze Summe… wenn ich reich genug wäre, soviel Geld wegzuschmeißen, könne ich es mir doch leisten, ihre Kinder zu adoptieren oder die Hypotheken abzuzahlen… oder ein unschätzbares Buch zu verlegen, in dem das Geheimnis des Universums erklärt wird. Es spricht sehr für die weibliche Tugend, daß nur zwei Frauen mir vorschlugen, ich solle sie als Mätressen übernehmen.«

Für Literaturpreise hatte Shaw nie ein gutes Wort übrig: »Sie verschlingen Geld, provozieren eine Menge dummes Geschwätz und gehen unweigerlich an irgendein zweitbestes Machwerk. Kunstwerke kann man nicht benoten.«

Wie er sich erkläre, fragte ein Reporter, daß er trotz solch beißender Kritik den Nobelpreis erhalten habe: »Ich habe im Jahre 1925 nichts veröffentlicht. Wahrscheinlich hat man mich dafür ausgezeichnet«, war Shaws Kommentar.

Und an anderer Stelle soll man den vom Rummel um den höchsten Literaturpreis Erschöpften klagen gehört haben: »Daß Alfred Nobel das Dynamit erfunden hat, kann ich ihm zur Not noch verzeihen. Aber daß er den Nobelpreis erfunden hat, das verzeih ich ihm nie.«

Zu seinen irischen Kollegen Oscar Wilde und James Joyce hielt Shaw wohlwollende, wenn auch kritisch beobachtende Distanz – wie diese zu ihm. Von Oscar Wilde, der einmal etwas boshaft gesagt hatte: »Shaw ist ein ausgezeichneter Mann. Er hat keinen Feind auf der Welt, und keiner seiner Freunde kann ihn leiden«, trennte ihn der aufwendige Lebensstil und die, wie er es nannte, »originelle Moral«; vom späteren Joyce dessen sprachspielerische Kunst, für deren Entzifferung Shaw die Zeit zu »kostbar« fand. (Hätte er freilich die Lektüre von *Finnegan's Wake* durchgehalten, er würde darin zahlreiche Anspielungen auf sein eigenes Werk entdeckt haben.)

Als Sylvia Beach in den zwanziger Jahren den in ihrem Pariser Kleinverlag Shakespeare & Co. erscheinenden, schon vorher skandalumwitterten *Ulysses* ankündigte und um Subskriptionen für die teure Ausgabe warb, pries Shaw zwar Joyce' »literarisches Genie«, setzte seinen Namen aber nicht auf die Bestelliste, mit der Begründung: »Ich bin ein älterer irischer Gentleman, und wenn Sie sich vorstellen können, daß ein Ire, und noch gar ein älterer Ire, 150 Francs für ein Buch hinlegt, kennen Sie meine Landsleute schlecht.« Auf diese Absage hin versuchte der seit 1914 für Joyce engagierte Dichter Ezra Pound Shaw unter Druck zu setzen und erhielt folgende Antwort: »Bin ich verpflichtet, in allem gleicher Meinung zu sein wie Sie? ... Ich ehre den Pfennig, weil ich den Taler sonst nicht wert bin.« Pound, der witterte, daß es hier nicht nur ums Geld ging, bezeichnete Shaw daraufhin als »neuntrangigen Feigling«; Joyce hingegen war entzückt über Shaws Reaktion und schrieb an Poe – die Formulierung Shaws aufgreifend: Wenn er sich einbilde, daß G. B. S. nicht doch »durch einen Buchhändler anonym das empörende Opus subskribiert hat, kennen Sie meine Landsleute schlecht.« Am Ende räumte Pound ein: »Der liebe alte Shaw hat uns amüsiert.«

1926 gratulierte denn Joyce auch Shaw zum Nobelpreis: »Erlauben Sie mir, Ihnen meine Glückwünsche zu der Ihnen zuteil gewordenen Ehre zu übermitteln, und meine Genugtuung darüber auszudrücken, daß der Nobelpreis für Literatur einmal wieder an einen eminenten Landsmann ergangen ist.« Es soll der einzige Gratulationsbrief zur Preisverleihung gewesen sein, den Shaw aufbewahrt hat.

Ein amerikanischer Journalist, der den sonst immer umlagerten Shaw einmal auf einer Versammlung alleine und nachdenklich in der Menge sitzen sah, eilte auf ihn zu:

»Zehn Dollar, Mister Shaw, wenn Sie mir sagen, was Sie in diesem Moment denken!«

»Ach, so viel ist das nicht wert«, winkte Shaw ab.

»Wer weiß? Sagen Sie's mir trotzdem«, bedrängte ihn der andere. »Woran denken Sie gerade?«

»An Sie«, sagte Shaw freundlich.

Zur Erholung auf der Insel Madeira, kam Shaw mit einem Gast des Reid's Palace Hotel, das auf illustre englische Stammgäste eingerichtet war, ins Gespräch. Der Mann schimpfte auf alles, was englisch war, besonders auf das Bier. »Hören Sie«, entrüstete sich Shaw in ungewöhnlicher Loyalität gegen England. »Sie haben ja keine Ahnung! Trinken Sie erst mal unseren Kaffee!«

G. B. S. mit Lorbeerkranz

Noch immer hängt in einem Gedenkraum des Reid's Palace Hotel, neben Erinnerungsbildern von Churchill und anderen berühmten Gästen, ein Foto aus dem Jahre 1925, das den weißhaarigen Bernard Shaw mit der Frau des damaligen Hotelbesitzers Max Rinder zeigt: diese hatte gerade eine Krebsoperation überstanden und wünschte sich sehnlich, noch Tango tanzen zu lernen. Shaw bot sich als Partner an – auch er hatte nie eine Tanzstunde besucht. Unter dem Bild, das die beiden mit ihrem Lehrer Max Rinder zeigt, hat Shaw handschriftlich vermerkt: »Der einzige Mann, der mir etwas beibrachte.«

Ein Frauenverband bat Shaw um ein Gratisexemplar seines *Wegweisers für die intelligente Frau zum Sozialismus und Kapitalismus*. Der für die Bibliothek benötigte Band sei zu teuer.

»Es will mir nicht einleuchten«, schrieb Shaw zurück, »daß ich Ihnen das Buch schenken soll. Wenn Ihr Verein nicht einmal ein halbes Pfund aufbringen kann für etwas, das ihm so wichtig erscheint, ist er nicht berechtigt, überhaupt zu existieren.«

»Sehr geehrter Mister Shaw«, kam es zurück, »wir danken Ihnen verbindlichst für Ihre schriftliche Verweigerung unserer Bitte. Ihr Schreiben haben wir sofort verkauft und dafür ein Pfund Sterling bekommen. Da der Preis Ihres Buches nur die Hälfte des Betrags ausmacht, konnten wir die andere Hälfte für unsere Vereinskasse verwenden.«

In einem Antiquariat fand Shaw einmal eines seiner Bücher, das er mit einer persönlichen Widmung an einen Freund verschenkt hatte. Er wollte sich gerade ärgern, da kam ihm die Idee, das Buch zu kaufen und es dem Unwürdigen mit einer zweiten Widmung zuzusenden. Er fragte nach dem Preis. Der Buchhändler nahm den Band in die Hand, schlug ihn auf und meinte: »Eigentlich wollte ich ja zwölf Shilling dafür, aber da hat jemand etwas reingeschmiert. Sagen wir also drei Shilling.«

Anläßlich eines Banketts kamen die beiden Nobelpreisträger Anatole France und Bernard Shaw nebeneinander zu sitzen. France, der Shaw nicht kannte und den Namen bei der Vorstellung nicht verstanden hatte, wandte sich nach einer Weile an seinen Tischnachbarn: »Entschuldigen Sie, mit wem habe ich das Vergnügen?« »Mit einem Genie, wie Sie«, war die Antwort.

Von dieser Anekdote existiert noch eine zweite Version. Ihr zufolge habe Anatole France seinem Tischnachbarn Bernard Shaw einen langen Vortrag über das Wesen des Genies gehalten, den Shaw sich geduldig anhörte, um am Ende fröhlich zu konstatieren: »Monsieur, das alles war mir bekannt. Ich bin nämlich selber ein Genie.«

Wiederholt und jedesmal vergebens bat ein amerikanischer Verehrer Shaw um ein Autogramm. Als er begriff, daß es aussichtslos war, weitere Bettelbriefe zu schreiben, verfiel er auf die List, sich als Marmeladenfabrikant auszugeben, der das Etikett einer neuen Konfitüre mit dem Bild des Nobelpreisträgers zieren wollte.

Postwendend kam die wütende Antwort: »Wenn Sie es wagen sollten, Ihre Absicht in die Tat umzusetzen, werde ich mit allen mir zur Verfügung stehenden Mitteln gegen Sie vorgehen. B. Shaw.«

»Endlich!« schrieb der glückliche Sammler zurück. »Vielen Dank.«

Auf einer Wohltätigkeitsveranstaltung tanzte Shaw, der erst im Alter ein paar Tangoschritte gelernt hatte, mit der Vorsitzenden eines Vereins, die ihm von Grund auf unsympathisch war – wie er ihr auch. Nun aber zeigte sie sich sehr überrascht von seiner gewinnenden Freundlichkeit und schwärmte ihn entzückt an:

»Daß Sie, ein so bedeutender Mensch, mir, einer so unbedeutenden Frau, diese Ehre erweisen, macht mich ganz fassungslos.«

»Aber, gnädige Frau«, soll Shaw sie beruhigt haben, »sind wir denn nicht auf einem Wohltätigkeitsball?«

»Man benutze seine Gesundheit, man nütze sie selbst ab. Dazu ist sie da…«, hatte Shaw in der Vorrede zu seinem Drama *Des Doktors Dilemma* geschrieben und diese Devise, bei außergewöhnlicher Beweglichkeit bis ins hohe Alter, anschaulich vorgelebt. Von zusätzlicher Ertüchtigung durch Sport hielt er jedoch, entgegen aller landläufigen Behauptungen, nicht viel – mit Ausnahme des Schwimmens, das er nach Möglichkeit täglich einplante, weil er es als natürliche Bewegung empfand. Dennoch übte er sich aus Neugierde auch in anderen Disziplinen, wie Fahrradfahren (noch zur Zeit des Hochrads und mit abenteuerlichen Stürzen), Wandern bis zur Erschöpfung, Boxen (mehr theoretisch), Tango-Tanzen (im Alter von siebzig Jahren) und zuweilen auch im Golfspiel.

Schwungvoll arbeitet er sich eines Tages über den Platz, gefolgt von einem Caddie (Stockträger), der ihm freundliche Anweisungen gibt. In einer kniffligen Situation erfolgt eine kurze Beratung, und schon schlägt Shaw wieder mit aller Kraft zu, ohne zu treffen. Der Caddie ist gleichwohl begeistert: »Großartig!« ruft er dem unbekannten Golfer zu. »Nur schade, daß Sie so alt sind! Ihre Kraft und meine Intelligenz – wir zwei könnten Karriere machen.«

Das Spiel geht weiter. Immer, wenn er den Ball verfehlt, fängt Shaw an zu schimpfen. Mehrere Zuschauer in der Nähe beobachten ihn aufmerksam.

»Macht Spaß, das Zuschauen, was?« fragt Shaw.

»Nein«, kommt es einstimmig zurück, »das Zuhören!«

Schwungvoll daneben

Im Jahre 1931 lernte Shaw – anläßlich einer Konferenz in London – den von ihm hoch verehrten Mahatma Gandhi kennen. »Beide Männer mochten sich auf Anhieb«, schreibt Michael Halroyd, der bisher kenntnisreichste Biograph Shaws.

G. B. S. sei »der Erzschelm von Europa«, resümierte Gandhi, aber dahinter verberge sich »ein gebefreudiges, ewig junges Herz«. Und: »In allem, was ich von ihm gelesen habe, ist eine religiöse Mitte... Ich glaube, er ist ein sehr guter Mensch.«

Shaw hatte Gandhi gewarnt vor den Heuchlern, die den Unabhängigkeitsbestrebungen Indiens nur scheinbar bereitwillig ihr Ohr liehen. Er selbst verfolgte die Entwicklung auf dem Subkontinent wie in anderen Kolonien des Commonwealth mit aller Sympathie, obwohl solches Wohlwollen unter Churchill als Hochverrat galt. Pessimistischer wurde Shaw, als Gandhi in den Hungerstreik trat, und erklärte den englischen Machthabern nach einem Besuch in Bombay: »Gandhi ist der klarsichtigste Mann in Indien... er hat euch alle so satt, daß er sich zu Tode fastet.«

Als Gandhi 1948 ermordet wurde, kommentierte Shaw, der 1931 seine Beurteilung als »sehr guter Mensch« beschämt von sich gewiesen hatte: »Das zeigt, wie gefährlich es ist, gut zu sein.«

In den dreißiger Jahren verfolgte Shaw mit nicht geringerem Interesse die sowjetischen Methoden einer gesellschaftlichen und wirtschaftlichen Neuordnung. 1931 reiste er mit einer Gruppe von Parlamentariern nach Rußland und wurde als weltweit bekannter Autor entsprechend überschwenglich empfangen. Seine Sympathien für die Idee des Kommunismus, die er als eine zutiefst christliche Idee empfand, waren kein Geheimnis. Als Höhepunkt hatte man eine Audienz bei Stalin vorgesehen, der sich tatsächlich zweieinhalb Stunden mit Shaw und seinen Begleitern unterhielt, aber vor allem auf das Theater zu sprechen kam, um heikleren Fragen aus dem Weg zu gehen. Zurück in seinem Moskauer Hotel Metropol sah Shaw sich von Reportern umringt, die gerne ein propagandistisch verwertbares Statement gehört hätten. Gespannte Erwartung. »Stalin«, sagte Shaw schließlich, »hat einen prächtigen schwarzen Schnurrbart.« Dann zog er sich vor den wutschnaubenden Reportern zurück. Zu seiner Tochter Swetlana soll Stalin später ärgerlich bemerkt haben: »Shaw ist ein gräßlicher Mensch.«

Im Jahre 1932 besuchte Shaw Südafrika, wo er während eines längeren Aufenthalts täglich an den Strand zum Schwimmen ging.

Eines Morgens fühlte er sich aufmerksam von einer Gruppe halbwüchsiger Jungen beobachtet und sah, als er schon ein gutes Stück ins Meer hinausgeschwommen war, daß einer von ihnen ihm folgte, aber, kurz bevor er den rüstigen Weißhaarigen erreichte, kehrtmachte. Shaw rief ihn an – der Junge, verlegen, rief zurück: »Eigentlich wollte ich Sie unter Wasser tunken. Wir haben einen Rand (südafrikanische Münze) gewettet, daß ich es kann.«

»Und jetzt?« fragte Shaw.

»Ich habe die Wette verloren, Sie sind mir doch zu kräftig.«

»Unsinn«, ermutigte ihn Shaw. »Das ist leicht verdientes Geld. Warte einen Moment, ich hole tief Luft, dann kannst du mich untertauchen.«

Und so geschah es. Drei Minuten später schwamm der Junge siegesstolz ans Ufer und holte sich seine Münze.

Ebenfalls in Südafrika machte Shaw einen Abendspaziergang am Strand. Ein Tourist hielt ihn an, deutete auf den sternklaren Nachthimmel und fragte: »Können Sie mir wohl sagen, wie dieser große Stern dort heißt?«

»Leider nein«, bedauerte Shaw, »ich bin auch fremd hier.«

Bei einem Besuch in Hollywood im Jahre 1933, der Shaw, mit Ausnahme seiner Begegnung mit Charlie Chaplin, in denkbar schlechter Erinnerung blieb, weil alles ihm unecht vorkam, sprach eine Schauspielerin ihn an, die gerne die Filmrechte für eines seiner Stücke erworben hätte. Shaw lehnte ab. Sie ließ nicht locker – aber er blieb unnachgiebig. Völlig entnervt brach sie in Tränen aus und rannte in ihre Garderobe. Als man ihm davon berichtete, zog Shaw ungerührt das Fazit: »Das ist eine ganz gute Erfahrung. In Hollywood haben ja alle vergessen, wie man *echte* Tränen weint.«

Nicht nur die Künstlichkeit und grelle Aufmachung war Shaw in Hollywood ein Greuel – er fand auch die geschäftsmäßige Erotik unerlaubt. »Sex-Appeal ist etwas, was man fast völlig vernachlässigen kann«, ließ er die erstaunten Filmer wissen. »Wie sonst soll man sich das Geheimnis von Charlie Chaplins Erfolg erklären?«

Unterwegs in Ostasien, zeigte sich Shaw besonders interessiert an den alten Religionen, ihren Riten und Zeremonien. Er besuchte buddhistische Tempel und Shinto-Schreine (wo er vom Ahnenkult hörte und fragte: »Warum verehrt ihr die Ahnen und nicht die Nachkommen?«) und ließ heilige Gongs und Glocken eigenhändig erklingen (»viel besser als Big Ben«). Am tiefsten beeindruckt war er vom indischen Dschainismus, der mit seinem Gebot der Nichtverletzung von Lebewesen seiner eigenen Natur am meisten entsprach.

Aber auch eine so altehrwürdige Tradition wie das japanische No-Theater – das für die meisten Besucher aus dem Westen ein unentschlüsseltes Erlebnis bleibt – konnte ihn faszinieren und ernsthaft beschäftigen. Er

Der Narr

las sogar einige Artikel über die dazugehörige Theorie, die sein japanischer Übersetzer beschrieben hatte, und bemerkte zusammenfassend in nachdenklicher Anerkennung: »Ich verstehe, obwohl ich nichts verstehe.«

Im Jahre 1934 kehrte Shaw von einer Weltreise nach London zurück. Sofort wurde er von der unvermeidlichen Reportermeute umzingelt und mit mehr oder weniger unbeantwortbaren Fragen bestürmt. Einer wollte gar wissen: »Wo sind Ihrer Meinung nach die Menschen am glücklichsten?«

»Überall – auf den Friedhöfen«, war die entschiedene Antwort.

Ein Abenteurer trumpfte auf und erzählte Shaw die phantastischsten Geschichten aus seinem Leben, ohne zu bemerken, daß er sich mehrmals widersprach. Nach jedem dritten Satz beteuerte er: »Und das ist nicht gelogen! Ich bin mit der Wahrheit verheiratet!«

»Darf ich fragen«, sagte Shaw, als es ihm schließlich zu bunt wurde, »wie lange Sie schon Witwer sind?«

Sam Goldwyn war entschlossen, die Rechte an einem der großen Dramen Shaws für einen sehr aufwendigen Tonfilm zu erwerben und das Honorar für den Autor nach Möglichkeit zu drücken. Anläßlich eines London-Besuchs rief er Shaw an und sprach in höchsten Tönen von dem Kunstwerk, das in Hollywood entstehen sollte: »Wir werden aus Ihrem Stück etwas ganz Großartiges machen, eine wahre Sensation, und alles in der prachtvollsten Ausstattung ...«

»Sie können mir gerne einen Vertragsentwurf zusenden«, unterbrach ihn Shaw, »dann reden wir weiter.«

Goldwyn lenkte ab: »Natürlich werden wir auch an den Stars nicht sparen, es soll höchste Kunst auf der Leinwand in weiteste Kreise getragen ...«

»Und was zahlen Sie für die Rechte?«

»Wissen Sie, Mister Shaw, schon die erste Szene stelle ich mir atemberaubend vor ...«

»Ich verstehe«, sagte Shaw, »wir werden wohl nicht einig: Offenbar sind Sie zu sehr Künstler – und ich zu sehr Geschäftsmann.«

Eines Tages meldete sich ein Unbekannter bei Shaw und fabulierte, er sei vor längerer Zeit mit ihm im Mittelmeer geschwommen und habe ihm von seinen Schwierigkeiten erzählt, woraufhin Shaw gesagt hätte: »Wenn Sie mal völlig pleite sind ... kommen Sie und besuchen Sie mich.« Jetzt sei er also da. Shaw konnte sich an einen solchen Vorfall zwar nicht erinnern, hatte aber so viel Spaß an Temperament und Phantasie seines Gastes, der, obwohl völlig mittellos, unbedingt einen *Pygmalion*-Film drehen wollte, daß er ihm ohne weitere Forderungen das Stück »zum Experimentieren« überließ. An seinen Übersetzer Siegfried Trebitsch schrieb er: »Ich mußte ihm verbieten, mich zu küssen, was er zuvor schon einmal getan hatte – zum Entsetzen des Dorfes.« Der Mann hieß Gabriel Pascal, sein Film wurde ein überwältigender Erfolg.

Am 13.12.1945, zehn Jahre nach dem Vertragsabschluß über *Pygmalion*, hatte Gabriel Pascals Verfilmung von Shaws *Cäsar und Cleopatra* im Londoner Odeon Theatre Premiere. Sogar Queen Mary war zugegen, und es kam zum schlimmsten Verkehrschaos seit der Siegesfeier zur Beendigung des Zweiten Weltkriegs. Aber Pascal hatte sich übernommen, die Produktion ging als »größtes Finanzfiasko des britischen Kinos« in die Filmgeschichte ein. Trotzdem verfolgte der Regisseur einen neuen Traum: *Pygmalion* hatte ihm Glück gebracht. Er dachte daran, die Komödie als Musical aufzuführen, zusammen mit Alan Jay Lerner und Frederick Loewe. Doch Shaw war absolut dagegen – schon einmal hatte er entsetzt mit ansehen (und hören) müssen, was Oscar Straus mit seiner Operette *Der Pralinésoldat* (1908) aus der Komödie *Helden* gemacht hatte: »Eine schmutzige Posse«, wie Shaw erbittert bemerkte. Nie mehr würde er zu dergleichen Plänen seine Einwilligung geben.

G. B. S. hält die Fäden in der Hand.
Titel des Programmhefts zu »My Fair Lady«,
Drury Lane Theatre, London, 30. 4. 1958.

Nach Shaws Tod aber begann Pascals Plan Realität zu werden, diesmal gegen geringere Widerstände. Das Musical hieß *My Fair Lady* und sollte sämtliche *Pygmalion*-Rekorde in den Schatten stellen.

Bei den Vorarbeiten zur Verfilmung von *Cäsar und Cleopatra* machte der Regisseur Gabriel Pascal dem Dramatiker den Vorschlag, in Abweichung von der Bühnenversion doch einen richtigen Bösewicht in die Handlung einzuführen, damit Britannus um so vorteilhafter zur Geltung käme. Shaw daraufhin postwendend: »In meinem Dialog spricht keiner so schlecht, daß er ein Schurke sein muß, um vollen Wert zu erhalten.«

Egon Friedell, der auch als Schauspieler auftrat, war ein großer Bewunderer Shaws und wollte diesem die englische Ausgabe seiner *Kulturgeschichte der Neuzeit* widmen. Auf die Anfrage des Londoner Verlags, ob Shaw damit einverstanden sei, kam folgender Brief: »... Ich habe den Namen des Herrn Friedell in letzter Zeit öfter gelesen, und zwar im Zusammenhang mit dem meinen. Erstens, weil er im *Kaiser von Amerika* [eines von Shaws Stücken] spielt, und zweitens, weil man ihn häufig den deutschen Shaw nennt. Ich weiß nicht, ob das als Lob oder als Beschimpfung gemeint ist, und werde jedenfalls die *Kulturgeschichte* studieren, um festzustellen, ob ich der englische Friedell bin. Ich bin jedoch schon jetzt genügend kulturhistorisch gebildet, um zu wissen, daß man in früheren Zeiten Widmungen mit hohen Jahresgehältern beantwortet hat. Das ist mir zu kostspielig, aber ich werde mich in der Form revanchieren, daß ich demnächst in seiner *Judastragödie* auftrete.«

Ein Vater fragte Shaw um Rat: sein Sohn wolle entweder Maler oder Dichter werden, und er wisse nicht, zu welcher Kunstrichtung er ihn ermutigen sollte. »Lassen Sie ihn erst mal dichten«, schrieb Shaw, »Papier ist billiger als Leinwand.«

Das umfangreiche Erstlingswerk eines Autors wurde Shaw zur Begutachtung vorgelegt. Er nahm sich die Zeit, es ganz zu lesen – mitunter waren recht gute Passagen darin. Seiner Rücksendung legte Shaw die Notiz bei: »Ihr Buch hat nur einen Fehler: die Deckel sind zu weit auseinander.«

Eine Mutter, die den Romanerstling ihrer Tochter an Shaw sandte mit der Bitte, einen Verleger dafür zu finden, bekam den Bescheid: »Gnädige Frau, eine Schriftstellerin, deren Mutter hausieren geht und andere belästigt, um das Werk ihrer Tochter zu fördern, hat nicht die geringsten Chancen, je erfolgreich zu sein. Je früher Ihre Tochter von zu Hause weggeht, desto besser...«

Der Berg der Manuskripte, die junge Autoren dem arrivierten G. B. S. zuschickten, wuchs von Jahr zu Jahr. Ein großer Schrank und ein Regal dienten zur Aufbewahrung, bis Shaw die Zeit fand, sich eine der Arbeiten vorzunehmen. Vier Wochen nach der Zusendung reklamierte ein ungeduldiger Jungdramatiker Shaws Stellungnahme oder die Rückgabe seines Manuskripts und sprach gleich darauf persönlich vor. Das Manuskript war nicht zu finden.

»Seien Sie unbesorgt«, tröstete Shaw den Verzweifelten, »ich werde den Schaden ausgleichen.« Er führte ihn vor den Schrank, öffnete die Tür und sagte: »Hier, greifen Sie zu, nehmen Sie als Ersatz drei andere Manuskripte mit.«

Ein Kollege, der wenig Erfolg beim Publikum hatte, versuchte in Shaws Fußstapfen zu treten und Stil und Aussagen des Nobelpreisträgers nachzuahmen. Man legte Shaw eines der offensichtlichen Plagiate vor und erwartete sein energisches Einschreiten gegen den Mann; aber er sah sich das Buch nicht einmal an, reichte es zurück und erklärte: »Was denken Sie von mir! Ich werde einem Behinderten doch nicht seine Krücken wegnehmen!«

Einem anderen als Plagiator verschrienen Schriftsteller begegnete Shaw im Theater. »Ich werde bald ein eigenes Drama herausbringen«, sagte der ehrgeizige Autor zu seinem berühmten Kollegen: »So, so – Sie schreiben auch Dramen?« »Ja, ab und zu.« Shaw: »Ab – wußte ich ja, aber zu? Das verstehe ich nicht.«

Eine Zeitlang kursierten in London hochbegehrte Shaw-Locken, seidenweiche, silberweiße Haare. Ein Student, stolzer Käufer einer solchen Locke, mußte bald erfahren, daß auch seine Freundin und deren Freundinnen im Besitz von Shaw-Locken waren. Er wurde mißtrauisch ob der Menge der vielen Haarbüschel, verfolgte den Handelsweg des teuren Objekts und machte schließlich einen Betrüger ausfindig, der mehrere Seidenpinscher besaß, mit deren Schur er sich ein regelmäßiges Einkommen verschaffte.

Empört schrieb der Student an Shaw. Dieser erwiderte: »Leider kann ich Ihnen nicht helfen. Reliquien erfüllen ihren Zweck, nicht weil sie echt sind, sondern weil die Leute an sie glauben. Sie haben unüberlegt gehandelt, die Besitzer der Locken ihres Glaubens zu berauben. Diesen Schaden kann ich nicht ungeschehen machen. Oder meinen Sie wirklich, ich soll mir über Jahre hinweg den Kopf immer wieder kahlscheren lassen?«

Sobald Shaw ein eigenes Automobil besaß, soll er zum Schrecken aller umliegenden Dörfer geworden sein. Das Fahren machte ihm Vergnügen, aber es war absolut nicht seine Stärke – was er ziemlich bald einsah und daher einen Chauffeur anstellte.

Bei einer Überlandfahrt war es passiert, daß ihm ein Schwein unter die Räder lief. Erschrocken sah Shaw den schreienden Bauern auf sich zukommen, lief ihm entgegen, entschuldigte sich und beschwichtigte den Aufgebrachten: »Ich werde Ihnen das Schwein ersetzen.« Der Bauer, außer sich: »Das können Sie gar nicht! Sie sind viel zu mager.«

Der geistreiche Romancier und politisch konservative Gilbert Keith Chesterton, Autor der heute noch beliebten Kriminalgeschichten um Pater Brown, war ein humorvoller Kontrahent Shaws, der seinerseits den wohlbeleibten Kollegen als ernstzunehmenden Gegner seines eigenen eher asketischen Lebensstils und härteren politischen Kurses schätzte. Auch öffentlich haben die beiden sprühende Kontroversen ausgefochten, sehr zum Vergnügen des Publikums.

Eines Tages trafen sie sich nach längerer Pause wieder. Chesterton musterte den hageren Shaw und begrüßte ihn: »Mein lieber Shaw, wenn man Sie ansieht, meint man wahrhaftig, in England sei eine Hungersnot ausgebrochen.«

Shaw schmunzelte und betrachtete den noch korpulenter gewordenen Chesterton: »Und Sie, mein lieber Chesterton, sehen aus, als seien Sie die Ursache davon.«

Die politische Gegnerschaft zwischen Chesterton und Shaw änderte nichts an ihrer persönlichen Wertschätzung füreinander. Shaw trat, wo er konnte, für Chesterton ein – so auch in in seiner Vorrede zu dem Drama *Zu wahr um schön zu sein*, wo er einen gemeinsamen Nenner suchte für die katholische Kirche, der Chesterton angehörte, und den Sozialismus, den er selbst »predigte«.

Als ein Kritiker über die Pater-Brown-Geschichten äußerte, Chesterton habe diese Figur nur deshalb gewählt, weil er von Frauen nichts verstehe, geschweige denn von Liebesbeziehungen, sprang Shaw für den Kollegen in die Bresche: »Was würde es ihm schon nützen, wenn er ein Frauenkenner wäre? Wer die Frauen tatsächlich in- und auswendig kennt, darf ohnehin nicht darüber schreiben. Sonst wäre er kein Gentleman!«

Es konnte nicht ausbleiben, daß G. B. S. mit seinen ausgeprägten Eigenarten ein ideales Objekt für Karikaturisten wurde. Er hatte seinen Spaß daran, behauptete aber gern, in keiner Karikatur etwas von seinem wahren Selbst wiederzuerkennen. Nur ein einziges Mal sei er beeindruckt gewesen: Zu Besuch bei einem Freund, sei er in dessen Arbeitszimmer eingetreten und hätte an der Wand eine ganz vortreffliche, sehr witzige, wenn auch sehr übertrieben ausgeführte und ziemlich diabolisch lachende Karikatur seiner selbst gesehen. Näher kommend, um die Signatur des Künstlers zu entziffern, bemerkte er allerdings zu seiner Enttäuschung, daß »das Bild sich bewegte. Es war ein Spiegel!«

Shaw war als Gutachter zu einem Prozeß geladen, bei dem es um die Frage ging, ob ein indiziertes Buch Kunst oder Pornographie sei. Er erklärte das Werk eindeutig zum Kunstwerk, woraufhin der Richter ihn aufforderte: »Können Sie den hier anwesenden Geschworenen darlegen, was Kunst ist?« Shaw sah sich die Herren prüfend an, musterte einen nach dem andern und gab schließlich zu: »Nein.«

Ein mit sich selbst Hadernder klagte Shaw in bitteren Worten sein Leiden an der Welt: Ein Leben lang sei er aufrichtig und fair gewesen, aber gerade diese Tugenden hätten dazu beigetragen, daß er immer und überall zu kurz gekommen sei.

»Tja«, sagte Shaw, »ein anständiger Mensch zu sein, ist ja das beste, was man sein kann. Aber darüber zu klagen, daß man anständig ist, das ist eigentlich schon nicht mehr anständig.«

So häufig G. B. S. in der Öffentlichkeit auftrat, so stark war andererseits sein Bedürfnis, zuzeiten keinem Menschen zu begegnen.

Einmal ging er auf einsamen Wegen spazieren, als ihm ein Wanderer entgegenkam, der den Autor zu erkennen glaubte und Anstalten machte, ihn anzusprechen. Shaw kam ihm zuvor, nickte freundlich, sagte: »Ja, richtig, ich bin's« und eilte blitzschnell davon.

Auf einer Wanderung hatte sich Shaw verirrt und kam bei Dunkelheit zu einem versteckt liegenden Gasthaus mit Namen »St. Georg und der Drache«. Er klopfte an, wartete, klopfte abermals. Endlich kam eine unfreundliche alte Frau an die Tür und fuhr ihn an: »Was wollen Sie so spät noch? Machen Sie, daß Sie weiterkommen!«

»Ach, entschuldigen Sie vielmals«, bat Shaw, »aber könnte ich nicht erst noch den heiligen Georg sprechen?«

Einer Pressemeldung zufolge hatte der ukrainische Außenminister Manuilsky nach der Rückkehr von einem Parisaufenthalt bedauert, daß westliche Intellektuelle, die dem Kommunismus gegenüber aufgeschlossen waren, in ihren Heimatländern unter Verfolgung litten. »So auch Bernard Shaw«, schloß er seine Ansprache, »der weltberühmte Autor lebt heute einsam und vergessen in der Nähe von London.«

Shaw erklärte dazu: »Schön wär's.«

Eine Schuhcremefabrik bat Shaw um die Erlaubnis, ihr neuestes Produkt »Shaw-Schuhcreme« nennen zu dürfen: »Millionen von Menschen, die täglich ihre Schuhe mit diesem Mittel putzen, werden dann an Sie denken«, schrieb ihm die Werbeabteilung der Firma.

Shaw lehnte ab: »Und wie wollen Sie erreichen, daß all die vielen Millionen an mich denken, die noch immer barfuß in der Welt herumlaufen müssen?«

Wenn die Welt ein Paradies wäre.
G. B. S., Nietzsche lesend und Gemüse begießend.

Jahr für Jahr füllte Shaw die Formulare seiner immer umfangreicher werdenden Steuererklärung gewissenhaft aus. Ein einziges Mal freilich konnte er sich einen Hieb gegen die Forderungen des Fiskus nicht verkneifen. In die Spalte »Wer partizipiert noch an Ihrem Unternehmen?« trug er ein: »Das Finanzamt.«

Shaw legte Wert auf korrekte Abrechnung seiner Tantiemen. Auch als die Labour Party, die auf seine Sympathie rechnen konnte, einmal anfragte, ob er eine kostenlose Aufführung einiger Szenen aus einem Erfolgsstück auf einer ihrer Tagungen genehmigen würde, zeigte er sich unnachgiebig und rechtfertigte seine Absage folgendermaßen: »Sie müssen verstehen, daß meine Solidarität mit meinen weniger erfolgreichen und also ärmeren Kollegen es mir nicht gestattet, auf die übliche Honorarzahlung zu verzichten. Schon jetzt haben sie große Nachteile in Kauf zu nehmen, weil meine Stücke soviel mehr gefragt sind. Würde ich auch noch auf die Einnahmen verzichten, so hätten andere Stückeschreiber ja gar keine Chance mehr gegen mich. Die Gewerkschaften sollten meine Standhaftigkeit begrüßen.«

So genau Shaw die Eingänge seiner Tantiemen oder Honorare überprüfte – wenn er einmal betrogen wurde, war ihm die Sache doch nicht so wichtig, daß er sie weiterverfolgte.

Seine Sekretärin Blanche Patch berichtet in ihren Lebenserinnerungen unter dem Titel *Thirty years with G. B. S.*, die 1951 in London erschienen, einen bezeichnenden Vorfall. Das Honorar für eine Veranstaltung war Shaw in Form eines Schecks übergeben worden; doch als Miss Patch diesen gutschreiben lassen wollte, stellte sich heraus: er war wertlos. Sie berichtete Shaw davon und erwartete, daß er den Betrug aufklärte. Zu ihrer Überraschung aber sagte er: »Nein, das werde ich ganz gewiß nicht tun. Es braucht ja keiner zu wissen, wie leicht man mich hintergehen kann.«

Die ständigen Bitten um Autogramme waren Shaw nicht nur lästig, sondern er hatte auch grundsätzlich kein Verständnis für die Sammler von Namenszügen berühmter Leute. Einem Verehrer schrieb er einmal: »Vergeuden Sie doch nicht Ihre Zeit mit dem Sammeln von Autogrammen. Setzen Sie lieber alles daran, daß Ihre *eigene* Unterschrift einmal Sammlerwert erhält.«

Und an einen anderen: »Ihre Aufgabe im Leben ist es, Ihre persönliche Signatur wertvoll zu machen, und sei es nur zur Unterzeichnung eines Schecks.«

Einem dritten sagte er: »Nein, ich gebe keine Autogramme. Ich bitte Sie ja auch nicht um Ihre Unterschrift.«

Andererseits konnte eine witzige Anfrage oder eine weniger devote Annäherung seinen Sinn ändern. Jahrelang hatte ein Autographensammler erfolglos Shaw um ein Autogramm gebeten. Zuletzt schrieb er seinem Idol: »Schade! Ich bin sicher, daß Sie eines Tages noch berühmt werden!« Shaw war entzückt und sandte ihm eine Postkarte mit Unterschrift.

Eine hochgradig von sich eingenommene Tänzerin, die Ruhm und Ehre des gefeierten G. B. S. gerne geteilt hätte, schrieb ihm folgenden Antrag: »Sir, Sie sind der intelligenteste Mann der Welt, und ich bin zweifellos die schönste Frau. Wir beide wären das ideale Paar! Das Kind, das aus unserer Ehe hervorginge, müßte die personifizierte Vollkommenheit werden.«

Shaw, der sich selbst wenig attraktiv fand, dankte für den Vorschlag, gab der Dame aber folgendes zu bedenken: »Und was, wenn das Kind meine Schönheit und Ihre Intelligenz erbt?«

Eine Dame der Londoner Gesellschaft ließ reihum die unpersönliche Einladung versenden: »Lady X ist am Sonntagnachmittag zwischen 5 und 7 Uhr zu Hause anzutreffen.« Shaw retournierte die Karte mit dem Zusatz: »Mister Shaw auch.«

Alle Welt wußte, daß Bernard Shaw gewissenhaft vegetarisch und abstinent lebte. Er selbst hatte immer wieder öffentlich darauf hingewiesen und manche spöttische Bemerkung dafür einstecken müssen. Dennoch konnte es passieren, daß er sich bei Einladungen mit der Petersilie, die den Fleischplatten zur Dekoration beigegeben war, begnügen mußte.

Auch Lady Randolph Churchill lud den beliebten Unterhalter einmal zu einer großen Dinnerparty ein und legte die Speisekarte gleich bei, auf der vom Fisch bis zum Roastbeef die erlesensten Gerichte aufgezählt waren.

Shaw reagierte ärgerlich: »Soll ich Sie wirklich besuchen, nur um tote Tiere bei Ihnen zu verspeisen? Nein! Aber ich wüßte gerne, was ich Ihnen angetan habe, daß Sie meine Gewohnheiten so mit Füßen treten.«

»Ihre Gewohnheiten interessieren mich nicht«, konterte die Lady, »doch hoffe ich, daß sie besser sind als Ihre Manieren.«

Eine Theatergruppe vom Land, die bei öffentlichen Veranstaltungen mit Erfolg eine Komödie von Shaw aufgeführt hatte, sandte ihm sein Honorar in Form von Naturalien: er erhielt ein Paket mit drei stattlichen Hinterschinken. »Wissen Sie nicht«, schrieb Shaw auf einen Zettel, den er der Rücksendung beilegte, »daß ich Vegetarier bin?«

Ein Möchtegernpoet erreichte es, daß Shaw einige seiner Gedichte prüfte. »Eigentlich wollte ich Arzt werden, um der Menschheit zu dienen«, schrieb er in seinem Begleitbrief, »doch glaube ich, daß ich der Welt ungleich wertvollere Dienste leisten kann, wenn ich Dichter werde.«

»Wie edel, daß Sie so menschenfreundlich sind«, war Shaws Antwort. »Tatsächlich haben Sie der Menschheit bereits einen großen Dienst erwiesen, indem Sie nicht Arzt geworden sind. Erweisen Sie ihr einen noch wertvolleren und geben Sie auch das Dichten auf.«

»Was halten Sie von dem beliebten Schriftsteller X?«, fragte ein Leser Bernard Shaw.

»Er gehört zweifellos zu den vier- bis fünfhundert ersten Autoren Englands«, war die Antwort.

Ein zudringlicher Amerikaner auf Europareise wollte sich die Sehenswürdigkeit G. B. S. nicht entgehen lassen und überraschte diesen in seiner Londoner Arbeitswohnung. »Ich komme direkt aus New York zu Ihnen«, begrüßte er den wenig Erfreuten.

»Da müssen Sie sehr müde sein. Gehen Sie am besten gleich ins Hotel«, schlug Shaw vor.

Ein junger Theaterautor besuchte Bernard Shaw, um ihm sein neuestes Werk persönlich vorzulesen.

»Bitte, nehmen Sie Platz«, sagte Shaw, »ich habe noch kurz im Nebenzimmer zu tun, bin aber gleich wieder da.«

»Wenn es Ihnen ungelegen ist, können wir meine Lesung gerne verschieben«, schlug der Gast höflich vor.

»Nicht nötig«, sagte Shaw, »ich ziehe mir nur schnell meinen Schlafrock an.«

Ein Schriftsteller, der großen Erfolg, aber einen erschreckend schlechten Stil hatte, prahlte: »Mein neuer Roman wird schon ins Deutsche, Italienische und Französische übersetzt.«

»Wie schön für Sie«, bemerkte Shaw, »aber wollen Sie ihn nicht bald auch ins Englische übersetzen lassen?«

Ein Jüngling, der sich zum Schreiben berufen fühlte, aber herzlich wenig begabt war, erzählte Shaw begeistert, wieviel Ermutigung zu seiner Berufung er jedesmal fühle, wenn er Shaws Werke lese. Bei der Lektüre Shakespeares hingegen fühle er sich völlig entmutigt.

»Da würde ich Ihnen raten«, sagte Shaw, »möglichst wenig Shaw und möglichst viel Shakespeare zu lesen.«

Ein junger Dramatiker, der, wie viele andere, sein erstes Werk mit der Bitte um ehrliche Beurteilung an Shaw gesandt hatte, erhielt den kurzen Bescheid: »Ihre Interpunktion ist einwandfrei.«

Nachdem Shaw wieder einmal ein sehr umfangreiches Manuskript zur Prüfung erhalten hatte und es bereits nach zwei Tagen zurücksandte mit dem Vermerk: »Zur Veröffentlichung ungeeignet«, beschwerte sich der Autor: »Wie können Sie in so kurzer Zeit ein Urteil fällen? Mehr als ein paar Seiten dürften Sie doch kaum gelesen haben!«

»Ganz recht«, antwortete Shaw. »Aber sehen Sie, ich muß ein faules Ei ja auch nicht ganz aufessen, um zu merken, daß es ungenießbar ist.«

Eine Studentin legte Shaw ihre Abschlußarbeit über »Die Philosophie im Werk Bernard Shaws« vor. Er las sie interessiert, erkannte allerdings nichts von seinen Thesen darin wieder und schrieb zurück: »Gratuliere zu Ihrer Einbildungskraft! Sie sind eine phantastische Lügnerin. Ich rate Ihnen, zur Presse zu gehen. Eine Karriere ist Ihnen dort sicher.«

»Nach meinem Tod«, erklärte ein eitler Kollege Shaws, »will ich mein Gehirn der Forschung zur Verfügung stellen. Die testamentarische Bestimmung ist schon aufgesetzt.«

»Und sind Sie sicher«, fragte Shaw, »daß die Forscher die Annahme des Testaments nicht verweigern?«

Ein reicher Engländer, der kein Kunstverständnis hatte, aber alle möglichen Bilder kaufte, lud zur Vorstellung seiner großen Sammlung ein. »Ich denke daran«, sagte er selbstgerecht vor den Vertretern der Presse und Honoratioren Londons, »mein Lebenswerk der Öffentlichkeit als Schenkung zu vermachen. Nur weiß ich noch nicht, welche Einrichtung dafür in Frage kommt.«

»Am besten«, riet ihm Shaw, »Sie spenden die Bilder einer Blindenanstalt.«

Von einer deutschen Leserin erfuhr Shaw während der Zeit des Nationalsozialismus, daß ein Literaturgeschichtsprofessor in einem Lehrbuch ihn als einen typisch jüdischen Autor vorgestellt habe.

»Es gibt eben«, antwortete Shaw, »Dinge zwischen Himmel und Erde, von denen sich nur unsere Schulweisheit etwas träumen läßt.«

Shaw bekundete mehrmals die Absicht, Deutsch zu lernen, ohne es aber besonders eilig damit zu haben. »Inzwischen begnüge ich mich«, erklärte er, »mit einem einzigen Wort, das ich immer verwende, wenn ich mit einem Deutschen ins Gespräch komme. Ich sage in gewissen Abständen einfach nur: ›Ausgezeichnet!‹ und bin damit wunderbar zurechtgekommen. Noch jeder hat hinterher meine Deutschkenntnisse gelobt.«

Auch auf Reisen arbeitete Shaw nicht weniger konzentriert als zu Hause. Im Alter bevorzugte er Schiffsreisen, weil er dabei Unterwegssein und Ruhe am besten verbinden konnte. Hoch in den Siebzigern war er an Bord eines Ozeanriesen auf einer Fahrt um die Welt und schrieb auf dem Promenadendeck regelmäßig an einem neuen Stück, das er noch vor seiner Heimkehr beendete.

In London fragte man ihn, wie er es fertiggebracht hätte, als so berühmter Autor ungestört inmitten all der anderen Passagiere zu arbeiten. »Ganz einfach«, entgegnete Shaw. »Ich habe einen untrüglichen Instinkt für Damen, die nichts anderes im Sinn haben, als einer Berühmtheit nahezukommen. So eine suche ich mir gleich zu Anfang aus, erkläre ihr, wieviel Arbeit ich habe, und bitte sie, mir alle Neugierigen vom Leibe zu halten. Dann ist sie stolz, die Beschützerin spielen zu dürfen, achtet eifersüchtig auf jeden, der sich mir nähert, und gibt allen die Auskunft: ›Mister Shaw schreibt an einem neuen Stück, er darf nicht gestört werden!‹ Auf diese Weise gewinne ich eine neue Freundin und kann während der ganzen Reise wunderbar arbeiten.«

Ab den dreißiger Jahren kam es immer öfter vor, daß auf Leser- und Verehrerbriefen aus aller Welt nur noch Shaws Name stand oder einfach G. B. S. London. Die getreue Blanche Patch, jahrzehntelang Sekretärin im Büro von Shaws Londoner Wohnung, war befugt, alle Briefe zu öffnen und vorzusortieren. Sie staunte tagtäglich über Sinn und Unsinn der Zuschriften und über die Findigkeit der Postzusteller, die nicht selten den Adressaten erraten mußten. So kam es vor, daß weder Name noch Kürzel noch Adresse auf einer Sendung angegeben waren, sondern nur etwa eine Karikaturzeichnung oder eine Umschreibung wie »An den größten Witzbold der Welt«: die Briefe wurden immer richtig zugestellt. Ein einziges Mal, erzählt Miss Patch in ihren Erinnerungen, habe es einen Irrläufer gegeben. Auf dem Umschlag, den sie öffnete, hatte gestanden: G. B. S. England – der Brief sei aber für die Greyhound Breeding Society gewesen (den Verein der Windhundzüchter).

Eine Dame sprach Shaw auf der Straße an: »Habe ich das Vergnügen, mit dem berühmten G. B. S. persönlich zu sprechen?«

»Ja«, sagte Shaw, »aber es wird ein kurzes Vergnügen sein.«

Auf dem Shaw-Festival in Malvern im Jahre 1936 stürzte eine geradezu hysterische Amerikanerin auf Shaw zu und rief, den Tränen nahe: »Ich habe mir geschworen, England nicht zu verlassen, ohne Sie gesehen zu haben!«

»Nun«, meinte Shaw, »dann können Sie ja jetzt abreisen.«

Bereits 1910 war in Deutschland eine Shaw-Biographie von Julius Bab erschienen, die 1926 in erweiterter Form vorgelegt wurde und bis in die dreißiger Jahre erfolgreich war, dann aber, zur Zeit des Nationalsozialismus, nicht mehr aufgelegt wurde.

Bab sah sich zur Emigration gezwungen, ging nach London ins Exil und besuchte dort Shaw, um mit ihm seine Lage und das Schicksal des Buches zu besprechen. – Der Journalist Will Schaber überliefert das Befremden, das Bab bei Shaws Reaktion empfand, der – im Bewußtsein seiner eigenen Hilflosigkeit – dem erschrockenen Besucher gesagt haben soll: »Hätten Sie mal lieber eine Hitler-Biographie geschrieben.«

Bis 1939 lagen mehr als achtzig biographische Werke über G. B. S. vor, u. a. in Kanada, China, Dänemark, Finnland, Frankreich, den USA, Deutschland, Holland, Ungarn, Indien, Italien, Japan, Norwegen, Polen, Rußland, der Schweiz und Jugoslawien. Vielen Verfassern hatte Shaw mit Auskünften geholfen, aber mit den mei-

Fan-Post.
Einer von ungezählten Briefen, die mühelos
zugestellt wurden.

sten Resultaten war er mehr oder weniger unzufrieden. Die erneute Anfrage eines Landsmanns, der eine Biographie aus dem sozio-psychologischen Aspekt von Shaws irischer Herkunft schreiben wollte, beschied er ablehnend:

»Sie interessieren sich offenbar nicht für Individuen, sondern nur für ihre Klassenzugehörigkeit... Sie müssen Ihre Scheinwerfer auf *mich* richten und nur gedämpfte Leuchten aufs protestantische Dublin.« Und: »Wenn einmal soviel Biographien über Sie geschrieben werden wie über mich, dann werden Sie einsehen, daß es nur eine Möglichkeit gibt, die entstellenden Spiegelbilder zu glätten, nämlich eine Autobiographie zu schreiben.«

Gleichzeitig plante ein anderer Autor – Hesketh Pearson – die nachmals berühmte Lebensbeschreibung *Bernard Shaw. His Life and Personality* (deutsch: *Bernard Shaw. Das Leben – Der Mensch*). Wissend, daß Shaw eine Abneigung gegen allzu glatte Lobreden hatte, versuchte Pearson zunächst die umgekehrte Annäherung und teilte Shaw mit: »Falls Sie liebevoll vom Sockel gestoßen werden wollen, bin ich der rechte Mann für Sie.« Er hatte sich aber gründlich verrechnet und mußte sich sagen lassen: »Ich brauche einen, der mich auf den Sockel hebt, nicht vom Sockel stößt – das habe ich als geborener Clown immer selbst besorgt.«

Im fortgeschrittenen Alter ließ Bernard Shaw, der im Lauf seines langen Lebens zweihundertfünfzigtausend Briefe und Postkarten geschrieben haben soll, Karten vordrucken, die Bittbriefe, Manuskriptbegutachtungen und Autogrammwünsche abschlägig beschieden. »Wenn ich weiterhin jedes Manuskript lesen und jeden Brief beantworten wollte, den mir die Post ins Haus bringt, hätte ich keine Zeit mehr, selbst noch irgend etwas zu schreiben«, erklärte er prinzipiell.

Eine junge Frau, die sich mit der Karte nicht begnügen wollte und ihn hartnäckig verfolgte, um wenigstens seine Unterschrift zu ergattern, ließ er wissen: »Gnädige Frau, ich schreibe seit mehr als sechzig Jahren – an die Million Wörter. Und Sie verlangen im Ernst, daß ich noch zwei hinzufügen soll?«

Auf einer Versammlung von Industriellen, auf welcher der alte Shaw darauf hinwies, daß ein guter Geschäftsmann lernen sollte, volkswirtschaftlich zu denken und daß es dazu immer noch empfehlenswert sei, die Schriften von Karl Marx zu lesen, rief einer der Anwesenden ihm verärgert zu, er habe diesen Unfug schon vor über vierzig Jahren gehört, als Shaw noch in der Gesellschaft der Fabier seine sozialkritischen Reden gehalten hätte. Inzwischen sei aber doch genügend Zeit vergangen und er selbst alt genug geworden, um klügere Ansichten zu vertreten.

»Ja, sehen Sie, mein Herr«, antwortete Shaw, »die Menschen altern nun mal unterschiedlich. Wie Sie sagen, sind Sie heute alt und weise – ich aber bin wieder jung geworden.«

Nach einem Schwächeanfall, der Shaw zur Bettruhe zwang, ließ seine besorgte Gattin einen Arzt kommen – gegen den Willen des Patienten, der erstens nicht viel von der Schulmedizin hielt und zweitens nicht gerne Geld ausgab, wenn es zu vermeiden war. Der Arzt, über diese Eigenart informiert, erinnerte den genesenen Shaw vorsorglich an die ausstehende Bezahlung: »Nun geht es Ihnen ja wieder gut! Ich hoffe, Sie denken auch daran, daß ich Sie mehrere Male besucht habe?«

»Aber natürlich«, gab Shaw zur Antwort, »Sie können sich auf mich verlassen. Ich werde jeden einzelnen Ihrer Besuche erwidern.«

Der Hausarzt kümmerte sich, trotz mangelnder Gegenliebe, weiter um Shaw. Einmal stellte er fest: »Ihr Puls geht viel zu langsam.«

»Das macht nichts«, meinte Shaw, »ich habe ja Zeit.«

Er war und blieb den Ärzten gegenüber mißtrauisch; aber daß er ihre Honorare umgehen wollte, wird durch die überlieferte Erinnerung eines Arztes widerlegt, die freilich auch doppeldeutig verstanden werden kann. Er hatte Shaw untersucht und ihm ein stark wirkendes, wohl auch umstrittenes Medikament verabreicht. »Die Rechnung können Sie mir später überweisen«, sagte er zu dem Patienten.

»Ach«, soll Shaw vorgeschlagen haben, »ich zahle lieber gleich bar – wer weiß, ob ich noch so lange lebe.«

In London verbreitete sich das Gerücht von einer lebensgefährlichen Erkrankung des alten Shaw. Eine Zeitung, die sich vergewissern wollte, sandte ihm folgendes Telegramm:

»Es heißt, Sie seien ernsthaft erkrankt. Wir bitten um ein Statement für die Öffentlichkeit.«

Die Antwort Shaws lautete: »Schreiben Sie, ich sei tot. Das wird mir eine Menge Unannehmlichkeiten ersparen.«

Eine andere Londoner Zeitung meldete zur gleichen Zeit voreilig: »Ein Unsterblicher gestorben«.

Shaw kabelte: »Ich lebe noch. Wie soll denn ein Unsterblicher sterben? Können Sie nicht logisch denken?«

Sein Leben lang mischte sich Shaw in die Tagespolitik ein und sorgte damit für manche Irritationen. Im Ersten und Zweiten Weltkrieg erhielt er in England sogar zeitweise Redeverbot, weil er öffentliche Kontroversen provozierte. Die Maßnahme sollte freilich nicht nach außen dringen. Natürlich wollte Shaw dazu Stellung nehmen, zumal diesbezügliche Anfragen von offizieller Seite immer dementiert wurden. 1940 gelangte eine Ausgabe der britischen Zeitschrift *Illustrated* auf Umwegen nach Berlin. In einem dort abgedruckten Interview erklärte der 84jährige Autor zum letzten Dementi des britischen Informationsministeriums: »Meine Arbeit scheint von so großer internationaler Bedeutung zu sein, daß die Regierung einfach nicht wagt, sie mich ausüben zu lassen. Daher hat man mir einen Maulkorb umgehängt. Ich bin darüber nicht etwa empört, aber ich möchte doch wenigstens, daß möglichst viele Leute wissen, daß ich zur Zeit einen solchen Maulkorb trage.«

Als seine Frau 1943 starb, brachte die Post so viele Kondolenzbriefe, auch von ganz einfachen Leuten, die Shaws Werke vermutlich nie gelesen hatten, ihm aber ihre Anteilnahme bekunden wollten, daß er sich gezwungen sah, eine Dankesadresse in die *Times* zu rücken:

»Mr. Bernard Shaw hat anläßlich des Todes seiner Frau eine so ungeheure Fülle von Zuschriften erhalten, daß, obwohl er sie alle gelesen hat und hochschätzt, jeder Versuch, sie einzeln zu bestätigen, seine Kräfte übersteigt. Er bittet daher seine und ihre Freunde, mit dieser Antwort an alle zufrieden zu sein, und versichert ihnen, daß ihr sehr glückliches Ende nach einem sehr langen Leben ihn vollkommen heiter in Erwartung seines eigenen Todes zurückgelassen hat.«

Dennoch beantwortete er nach Kräften jene Briefe, die mehr als eine konventionelle Anteilnahme bezeugten.

An eine Freundin der ihm vorübergehend nahestehenden Schauspielerin Stella Patrick-Campbell namens Edith Lyttelton, die ihm vom Tode ihres eigenen Mannes zu Hause erzählt hatte, schrieb er: »… und wenn ich einmal sterbe, so kommen Sie und schließen Sie auch mir die Augen. Dann sehen Sie mich ohne meine Maske, wie ich wirklich bin.«

Von einem Autor namens George Bernard Shaw erschien ein Trivialroman in Amerika. Sofort erhielt der Verlag einen Brief, in dem Shaw gegen die unrechtmäßige Verwendung seines Namens protestierte. Der Verleger klärte ihn auf, daß sein Autor tatsächlich so heiße, und fügte hinzu: »Wir haben uns alle köstlich amüsiert. Wer hätte gedacht, daß es außer unserem Bestsellerautor auch noch einen Schriftsteller in Europa gibt, der genauso heißt.«

G. B. S., Funken sprühend

Das Angebot für einen Ehrenposten an einer englischen Hochschule lehnte Shaw kurz und bündig ab: »Ich bin kein so großer Niemand, daß ich Ihre Nominierung annehmen müßte.«

Eine Hochschule lud Shaw zu einem Vortrag ein. Um einer Absage des Vielbeschäftigten vorzubeugen, fügte der Rektor hinzu: »Wir bestehen nicht auf einer ausgefeilten Rede, Sie können ganz ungezwungen sprechen über alles, was Ihnen gerade einfällt.«

»Ich bedaure«, lautete die Antwort, »zur Vorbereitung auf einen solchen Vortrag fehlt mir einfach die Zeit.«

Im Gespräch mit dem berühmten General Montgomery, der in Nordafrika gegen Rommel gekämpft hatte, legte Shaw seine These dar, wonach nur fünf Prozent aller Menschen befähigt seien, führende Positionen in einer Weise zu bekleiden, die den Untergang der zivilisierten Welt verhindern könne. Der General fand das ziemlich übertrieben und fragte: »Wollen Sie damit sagen, daß auch nur fünf Prozent aller Generäle ihrer Aufgabe gewachsen seien?«

»Nein, nein«, korrigierte Shaw, »bei den Generälen sind es natürlich weniger.«

Zum 90. Geburtstag Shaws, der in aller Welt beachtet wurde, erschien in einer deutschsprachigen Zeitung ein seitenlanger Artikel mit der Überschrift:

Bernard Shaw – der große Irre.

Ein empörter Leser schickte die Meldung gleich an Shaw weiter. Dieser telegraphierte an die Redaktion: »Auch wenn es vermutlich stimmt – zu *meinem Geburtstag* hätten Sie mir es ja nicht gerade sagen müssen.«

Der neunzigjährige Shaw wurde von Vertretern der Presse interviewt. »Was haben Sie in Ihrem langen Leben an Entscheidendem erreicht?«, erkundigte sich einer. Verschmitzt erwiderte Shaw: »Das hohe Alter.«

Ein Mädchen vom Dorf schrieb an den für seine Tierliebe bekannten G. B. S.: »Bei uns auf dem Bauernhof sind gerade ein paar Schweinchen geboren. Eins davon darf ich selbst füttern und aufziehen. Weil es so lustig aus den Augen schaut, möchte ich es gerne Bernard Shaw nennen. Sind Sie damit einverstanden?«

»Aber selbstverständlich«, antwortete Shaw. »Ich fühle mich sehr geehrt. Aber was sagt das Schwein dazu?«

Von den Veranstaltern eines historischen Festzugs erhielt Shaw eine Einladung, an dem Spektakel teilzunehmen. »Nein«, schrieb er in seiner Absage, »ich muß solche Menschenmassen meiden. Der einzige historische Festzug, an dem ich noch teilnehme, wird meine eigene Bestattung sein.«

»Seit vielen Jahrzehnten habe ich kein Fleisch gegessen«, erklärte Shaw im hohen Alter. »Nun wünschte ich mir, daß alle Tiere, die durch mich am Leben geblieben sind, vor meinen Leichenwagen gespannt würden. Das ergäbe einen längeren und fröhlicheren Zug, als ihn je ein Kaiser oder König gehabt hat.«

Wenige Monate vor seinem Tod wurde Shaw noch aufgefordert, Präsident eines Schriftstellerverbandes zu werden. Er antwortete den Mitgliedern handschriftlich auf einer Postkarte: »Ein Verband, der keinen zeitgemäßeren Vorsitzenden finden kann als einen alten Kauz von 93, ist nicht der richtige Ort für mich – und für Sie auch nicht.«

Am 26. Juli 1950, drei Tage nach Fertigstellung seines letzten Lustspiels (*Warum sie nicht wollte*), wurde Shaw 94 Jahre alt. Um der zu erwartenden Flut von Glückwünschen und Geschenken vorzubeugen, die in den Jahren zuvor ganze Lastwagen gefüllt hatten, legte er seiner regulären Post schon Monate vorher eine gedruckte Karte bei, auf der zu lesen war:

»Bernard Shaw beschwört seine Freunde und Leser, seinen Geburtstag weder zu feiern, noch ihm ins Gedächtnis zu rufen. Es ist zwar einfach, einen Brief zu schreiben oder einen Geburtstagskuchen abzuschicken, aber die gleichzeitige Ankunft Tausender von Briefen und Kuchen ist ein Unheil – das deshalb nicht weniger schrecklich ist, weil es nur einmal im Jahr passiert. Eine Bestätigung derart unwillkommener Sendungen ist mir nicht möglich.«

Shaws launige Aufforderung, ihn zu schonen, fruchtete natürlich nichts. Als die Londoner *Times*, die seine Geburtstage jetzt unter der Rubrik der »Hofnachrichten« führte, meldete, daß der Tag *geruhsam* verlaufen sei, mußte sie sich prompt eines Besseren belehren lassen:

»Geruhsam!!!«, entrüstete sich das geplagte Opfer seines Ruhms. »Geruhsam, mit dem Telefon- und Türglockenschrillen den ganzen Tag! Mit dem Postboten, wankend unter der Last von Briefen und Telegrammen scheffelweise! Mit immensen Geburtstagskuchen…, die wie Mühlsteine auf mich einstürzen! Mit Kameraleuten,

G. B. S. sieht dem Weltuntergang zu

Fernsehmenschen, Photographen, Wochenschaurepor-
tern, Interviewern, die die Zufahrt blockieren und sich
durch kein NEIN abwimmeln lassen... Der Himmel
verzeih's der *Times*. Ich kann's nicht.«

Aufforderung an die Nachwelt

Ich kann kaum mehr durch den Garten gehen, ohne ein- oder zweimal hinzufallen«, hatte der zweiundneunzigjährige Shaw in der Vorrede zu seiner Komödie *Zu viel Geld* geschrieben. Gleichwohl ließ er sich nicht davon abhalten, noch als Vierundneunzigjähriger (im September 1950) eigenhändig die Bäume hinter seinem Haus mit der Gartenschere zu stutzen. Dabei rutschte er aus und brach sich den linken Schenkelknochen.

In der Klinik wurde der Bruch geschient, aber Shaw verlangte nichts, als nach Hause gebracht zu werden: »Hier bin ich in der HÖLLE… sie lassen mich nicht in Ruhe«, beklagte er sich, »schlafe ich, dann wecken sie mich; bin ich wach, dann fragen sie mich, warum ich nicht schlafe… Ich möchte sterben und kann nicht.«

Der behandelnde Arzt meinte, Shaw hätte gut hundert Jahre alt werden können, »wenn er hiergeblieben wäre«. Aber Shaw wollte nicht.

Man brachte ihn zurück nach Ayot St. Lawrence. Es folgten Fieberschübe und Nierenversagen. In den frühen Morgenstunden des 1. November, kurz bevor er ins Koma fiel, sagte er: »Ich sterbe jetzt.« Sechsundzwanzig Stunden blieb er bewußtlos. Am 2. November gegen 5 Uhr morgens war er tot.

Zur Bestattungsfeier in Golders Green, die Shaw »in aller Stille« durchgeführt haben wollte, erschienen gut fünfhundert Leute spontan von der Straße. Eine Londonerin soll ausgerufen haben: »So einen werden wir nie mehr erleben!« – woraufhin ein neben ihr stehender Ire meinte: »Madam, wir dürfen die Nachwelt nicht unterschätzen.«

Anmerkung und Danksagung

Die Anekdoten dieser Ausgabe wurden im Lauf vieler Jahre zusammengetragen, teils aus Zeitungen und Zeitschriften ab 1920 – wozu mir Frau Eleonore Vondenhoff aus ihrer Sammlung einen ersten Grundstock vererbte –, teils aus älteren Anthologien, in denen die erzählten Begebenheiten mitunter stark variieren, und teils aus mündlicher Überlieferung. Sie alle sind neu formuliert, nach Möglichkeit überprüft und der zuverlässigsten Quelle angeglichen sowie in eine biographische Linie gebracht worden. Besonders verpflichtet bin ich der großen Biographie von Michael Holroyd: *Bernard Shaw. Magier der Vernunft*, Frankfurt am Main 1995, die zahlreiche verbürgte Aussagen enthält und die Zitate korrekt nachweist. Für die Genehmigung, diese Passagen zu übernehmen, danke ich der Society of Authors, speziell Herrn Gordon Fielden, der die Entstehung dieses Anekdotenbüchleins mit Wohlwollen begleitet hat; sodann Frau Helene Ritzerfeld für ihre Vermittlung in dieser Sache sowie für die erste Durchsicht des Manuskripts und meinem Mann, Volker Michels, für die Überprüfung der Endfassung.

Weitere hilfreiche Quellen zur Rekonstruktion der geschilderten Situationen waren die vierbändige Ausgabe der *Collected Letters*, herausgegeben von Dan H. Laurence, London / New York 1965–1988, sowie die Briefauswahl *Dear Mr. Shaw. Selections from Bernard Shaw's Postbag*, herausgegeben von Vivian Elliot, London 1987. Die zweite Anekdote auf S. 81 verdanke ich dem Shaw-Brevier von Wilhelm Don Hofer: *Papier ist billiger als Leinwand*, erweitert und herausgegeben von Ria Schulte, Wien 1989. Auf sonstige Quellen wird im Textteil selbst verwiesen.

Für die Erlaubnis zum Abdruck der Karikaturen auf den S. 50, 79, 88, 107 gilt mein Dank der Agentur Mander & Mitchenson – Theatre Collection – in Beckenham/Kent, namentlich meiner Ansprechpartnerin Frau Donna Percival. Leider habe ich auf meine Anfrage nach den Reproduktionsrechten anderer Abbildungen (wie derjenigen aus der obengenannten Publikation *Dear Mr. Shaw*) keine Antwort erhalten. Im Falle eines noch bestehenden Copyright-Anspruchs bitte ich um Nachweis und Zuschrift über den Verlag.

Nicht zuletzt möchte ich Frau Claudia Ulrich meinen besonderen Dank aussprechen für die Erstellung des Typoskripts zur Druckvorlage.

Januar 2000   Ursula Michels-Wenz

Zeittafel

Die Jahreszahlen bezeichnen, wo nicht anders vermerkt, immer die Entstehungszeit der jeweiligen Werke (nicht deren Publikation). Es sind nur die wichtigsten Titel aufgeführt. Die zahllosen politischen Schriften, Kritiken und allgemeinen Essays sowie die kleinen Stücke und die umfangreichen Briefwechsel mit namhaften Zeitgenossen können in diesem Rahmen nicht berücksichtigt werden.

1856   Am 26. Juli wird *George Bernard Shaw*, kurz G. B. S. genannt, als drittes Kind und einziger Sohn von George Carr Shaw und Lucinda Elizabeth Shaw, geb. Gurly, in Dublin geboren. (Der Autor verzichtet später auf den ersten Vornamen, wahrscheinlich aus Protest gegen den Vater.)

1871–1876 Fünfzehnjährig muß Shaw die Schule verlassen, um Geld zu verdienen, da die Familie verarmt und sich allmählich entfremdet. Arbeit im Büro eines Grundstücksmaklers, autodidaktische Weiterbildung. Die Mutter siedelt mit den beiden Töchtern um nach London.

1876   Shaw folgt seiner Mutter nach London, verdient seinen Lebensunterhalt mit Gelegenheitsarbeiten, u. a. als Klavierspieler und Journalist.

1879   Shaw erhält eine feste Anstellung bei der Edison Telephone Company; Besuch politischer Versammlungen, Eintritt in die »Zetetical Society« (eine freie Vereinigung mit Diskussionsabenden zu gesellschaftlichen, politischen und philosophischen Fragen), in der er sich als Vortragsredner übt. Der erste Roman *Immaturity* (deutsch: *Unreif*; früher u. d. T. *Junger Wein gärt*) entsteht. Mehrere Verlage lehnen eine Veröffentlichung ab. (1930 wird das Buch erstmals publiziert.)

1880–1883 Shaw schreibt vier weitere Romane in seiner Freizeit: *The Irrational Knot* (deutsch: *Die törichte Heirat), Love among the Artists* (deutsch: *Künstlerliebe*), *Cashel Byron's Profession* (deutsch: *Cashel Byrons Beruf*) und *An Unsocial Socialist* (deutsch: *Der Amateursozialist*), die aber erst ab 1894 in den Zeitschriften *To-Day* und *Our Corner* zum Abdruck gelangen.

1884 Shaw tritt der neu gegründeten sozialistischen »Fabian So-
      ciety« (Gesellschaft der Fabier) bei, der er 27 Jahre lang als
      provokatorischer Wortführer angehören wird; Beginn der
      Freundschaft mit Beatrice und Sidney Webb, William Archer
      (der Shaw entscheidend fördert), Florence Farr, Annie Besant
      u. a. m.

1885 Tod des Vaters.

bis 1894 zahlreiche Buchrezensionen, Kunst- und Musikkritiken;
      Mitarbeit an der namhaften *Pall Mall Gazette*; Arbeit an *Wi-
      dower's Houses* (deutsch: *Die Häuser des Herrn Sartorius*),
      Shaws erstem Stück, das 1892 uraufgeführt wird. Unter dem
      Pseudonym Corno di Bassetto schreibt Shaw vielbeachtete
      Musikkritiken für *The Star* und *The World* und engagiert sich
      mit Vorlesungen und Vorträgen zu sozialen und volkswirt-
      schaftlichen Themen.

1891 Ibsen-Brevier *The Quintessence of Ibsenism*.

1893 *The Philanderer* (deutsch: *Der Herzensbrecher*; früher u. d. T.
      Der Liebhaber).

1894 *Mrs. Warrens Profession* (deutsch: *Frau Warrens Beruf*),
      Arms and the Man (deutsch: *Helden*) und *Candida*.

1895–1898 Arbeit als Theaterkritiker für *The Saturday Review* unter
      Frank Harris.

1895 *The Man of Destiny* (deutsch: *Der Mann des Schicksals*;
      früher u. d. T. *Der Schlachtenlenker*).

1895–1896 (mit Unterbrechung) *You Never Can Tell* (deutsch: *Man
      kann nie wissen*), das ab 1899 ein Publikumserfolg wird.

1896 Arbeit an *The Devil's Disciple* (deutsch: *Der Teufelsschüler*;
      früher u. d. T. *Ein Teufelskerl*). Das Stück wird

1897 in New York uraufgeführt und verschafft seinem Autor den
      ersten großen Durchbruch als Dramatiker mit internationaler
      Resonanz.

1897–1903 Stadtrat von St. Pancras/London.

1898 Heirat mit Charlotte Frances Payne-Townshend, die ebenfalls
      aus Irland stammt. Entstehung von *Caesar and Cleopatra*
      (deutsch: *Cäsar und Cleopatra*), *Captain Brassbound's Con-
      version* (deutsch: *Kapitän Brassbounds Bekehrung*) und des
      Wagner-Breviers *The Perfect Wagnerite* / Kommentar zum
      Ring des Nibelungen.

1901 Frankreichreise; Sommer in Dorset.

1901–1903 *Man and Superman* (deutsch: *Mensch und Übermensch*).

1902 Aufenthalt an der Küste von Norfolk.
Bekanntschaft mit seinem deutschsprachigen Übersetzer Siegfried Trebitsch, der Shaw binnen eines Jahres den Weg auf die Bühnen Deutschlands und Österreichs ebnen wird.

1903 Frühjahr: Italienreise; Sommer: Schottlandreise.

1904 *John Bull's Other Island* (deutsch: *John Bulls andere Insel*), *How He Lied To Her Husband* (deutsch: *Wie er ihren Mann belog*). Frühjahr: Italienreise; Sommer: Schottlandreise.

1905 Umzug nach Ayot St. Lawrence/Hertfordshire. In London behalten die Shaws eine Zweitwohnung, in der sie wöchentlich einige Tage verbringen.
Major Barbara.

1906 *The Doctor's Dilemma* (deutsch: *Des Doktors Dilemma*; früher u. d. T. *Der Arzt am Scheideweg*).

1907–1908 *Getting married* (deutsch: *Heiraten*; früher u. d. T. *(W)Ehe*).

1909 *The Shewing-Up of Blanco Posnet* (deutsch: *Blanco Posnets Erweckung*).
Misalliance (deutsch: *Falsch verbunden*; früher u. d. T. *Mesalliance*).

1910 *Fanny's First Play* (deutsch: *Fannys erstes Stück*).

1912 *Androcles and the Lion* (deutsch: *Androklus und der Löwe*); *Pygmalion*; beide Stücke werden uraufgeführt in der deutschen Übersetzung in Berlin bzw. Wien, 1913.
Overruled (deutsch: *Es hat nicht sollen sein*).

1913 Tod der Mutter.
Freundschaft mit der Schauspielerin Stella Patrick Campbell. Reisen nach Irland, Deutschland und Frankreich.
Great Catherine (deutsch: *Die große Katharina*).

1914 Shaw gilt in England als persona non grata, da er sich deutschfreundlich äußert; schreibt *Commonsense about the War* (deutsch: *Der gesunde Menschenverstand im Krieg*, 1919) eine umfangreiche Abhandlung, die ihn noch unbeliebter macht.

1916–1917 *Heartbreak House* (deutsch: *Haus Herzenstod*).

1918–1920 *Back to Methuselah* (deutsch: *Zurück zu Methusalem*): fünf Stücke, zu spielen an fünf aufeinanderfolgenden Abenden.

1923   *Saint Joan* (deutsch: *Die heilige Johanna*).

1925   Nobelpreis für Literatur.

1926   Shaw erhält den Nobelpreis rückwirkend für 1925 verliehen; er hatte zunächst die Annahme verweigert, willigt dann ein unter der Bedingung, daß er der offiziellen Feier nicht beiwohnen muß und das Geld zur Förderung des schwedischen und englischen Literatur- und Kunstaustausches verwendet wird.

1928   *The Intelligent Woman's Guide to Socialism and Capitalism* (deutsch: *Wegweiser für die intelligente Frau zum Sozialismus und Kapitalismus*).

      The Apple Cart (deutsch: *Der Kaiser von Amerika*); das Stück wird

1929   in Warschau (14. Juli) uraufgeführt.

1931   *Too True to be Good* (deutsch: *Zu wahr um schön zu sein*). Rußlandreise.

1932   Reise nach Südafrika.

      The Adventures of the Black Girl in Her Search For God (deutsch: *Die Abenteuer des schwarzen Mädchens auf der Suche nach Gott*; früher u. d. T. *Ein Negermädchen sucht Gott*).

1933   USA-Reise.

      Village Wooning (deutsch: *Ländliche Werbung*).

      On The Rocks (deutsch: *Festgefahren*).

1934   Weltreise.

      The Simpleton of the Unexpected Isles (deutsch: *Die Insel der Überraschungen*).

      The Millionairess (deutsch: *Die Millionärin*).

1936   *Geneva* (deutsch: *Genf*); Revision des Stückes 1939.

1936–1937   *Buoyant Billions* (deutsch: *Zu viel Geld*); das Stück bleibt vorerst Fragment.

1938   Shaw erkrankt an perniziöser Anämie.

1938–1939   *In Good King Charles's Golden Days* (deutsch: *Die goldenen Tage des guten König Karl*; früher u. d. T. *Der gute König Karl*).

      Aufzeichnung autobiographischer Miszellen u. d. T. *Shaw Gives Himself Away*.

1943   *Everybody's Political What's What* (deutsch: *Poliik für Jedermann*).

      Tod Charlotte Shaws (12. September).

1947 *Buoyant Billions* (deutsch: *Zu viel Geld*) beendet; das Stück wird

1948 in Zürich uraufgeführt.
Farfetched Fables (deutsch: *Phantastische Fabeln*).

1949 *Sixteen Self-Sketches* (deutsch: *Sechzehn selbstbiographische Skizzen*); Revision der Texte von 1939 u. d. T. *Shaw Gives Himself Away*.

1950 Arbeit an *Why She Would Not*, einer Kurzkomödie, die unvollendet bleibt.
2. November: Bernard Shaw stirbt in seinem Haus in Ayot St. Lawrence an den Folgen eines Sturzes, den er sich Anfang Herbst bei Gartenarbeiten zugezogen hatte.